조직의 건강과 질병

진단과 치료

민 진

2012년도
대한민국학술원 선정
우수학술도서

이 도서는 대한민국학술원에서 선정한
"2012년도 우수학술도서"로서 교육과학기술부의
지원으로 구입 배부한 것임.

도서출판 대영문화사

머리말

조직의 건강을 인간의 건강에 은유하여 설명할 수 없을까? 이것은 오랫동안 저자의 머리에서 맴도는 주제였다. 인간처럼 조직도 하나의 유기체로 볼 수 있기 때문이다. 많은 조직은 사회적 유기체로서 탄생, 성장, 성숙 그리고 쇠퇴의 길을 걷는다. 조직은 안정 속에서 살아가지만 끊임없이 변동한다.

인간처럼 조직도 아프고 고통을 받을 때가 있지만, 때로는 활력이 넘쳐서 어떤 외부 위협에도 견디어내는 것을 볼 수 있다. 조직이 건강하여 자기에게 주어진 임무를 성공적으로 수행하는 것은 제 몫을 다하는 것이지만 조직이 건강하지 못하고 병이 들어 주어진 임무를 수행하지 못한다면 제 몫을 다하지 못한 것이다.

그러면 조직 건강의 조건은 무엇인가? 어떤 상태가 건강한 상태이며 병든 상태인가? 누가 조직의 건강과 질병을 진단할 것인가? 어떻게 조직의 질병을 치료하고 조직의 건강을 확보할 것인가? 이런 의문을 해결하기 위해 이 책을 저술하게 되었다.

조직은 다양한 측면과 차원을 가진 유기체이다. 저자는 체제적 관점에서 조직의 건강과 질병 문제를 다루고자 한다.

저자는 조직 건강을 "조직의 조직관리 체제 · 자원관리 체제 ·

사회심리 체제·개방 체제·통합 체제의 능력이 최적인 상태"로 정의한 후, 이러한 상태가 악화되면 조직은 병에 걸린다고 보았다.

세부적으로 보면 다음과 같다.

첫째, 조직관리 체제의 최적 상태는 기획통제 기능의 최적 상태, 구조관리 기능의 최적 상태, 그리고 조직 과정의 최적 상태로 구성된다.

둘째, 자원관리 체제의 최적 상태는 인적자원 관리 기능, 재정자원 관리 기능, 물자시설 관리 기능, 그리고 지식정보자원 관리 기능의 최적 상태로 구성된다.

셋째, 사회심리 체제의 최적 상태는 조직인, 조직 내 인간관계, 조직인과 조직의 관계, 그리고 조직의 가치와 윤리적 건강 측면으로 구성된다.

넷째, 개방 체제의 최적 상태는 환경에 대한 개방성과 적응성, 혁신과 개선, 조직 간 관계, 그리고 조직 자체로 구성된다.

다섯째, 통합 체제의 최적 상태는 리더십, 전체로서의 균형, 이해관계자 관리, 공감대, 시간관리, 그리고 조직인의 건강 등을 포함한다.

이들을 분석하고 설명할 때 체제(제도 포함), 사람과 능력, 조직문화 등을 포함하여 제시한다.

책을 저술하면서 개별 요소별로 질병을 추출해 보았다. 조직 관련 서적에서 비슷하게 언급된 개념도 있었지만 대부분은 저자가 이름을 지었다. 예를 들어 '목표무질서증', '부서할거주의', '인사관리의 암', '지식정보누출증', '파벌주의', '조직부패', '리더십독점병' 그리고 '혁신피로증'이 그것이다. 그런데 어떤 부문은 질병을 보충 설명하기 위해 사례를 제시하는 것이 바람직하게 느껴졌다. 예를 들어 '주요 조직의 비전', '삼성그룹의 개혁과 이건희 회장의 혁신 리더십' 등이 그것이다.

이 책은 조직을 관리하는 사람들에게 조직의 건강과 질병이라는 시각에서 조직을 이해하고 조직을 관리할 수 있는 지식을 제공하며, 궁극적으로는 조직관리 능력을 제고하는 데 기여하고자 저술했다. 따라서 조직관리에 관한 이론적 지식이 어느 정도 있다면 이 책을 이해하는 데 그렇게 어렵지 않을 것이며, 관리적 경험이 있는 사람이라면 충분히 이해할 수 있을 것이다. 하지만 조직에 대한 방대한 내용을 조직의 건강과 질병이라는 기준에 따라 작성하다 보니 다소간의 어려움이 없지는 않았다.

독자들은 제1장을 읽고 난 후 개별 주제들을 대상으로 구분하여 읽고 현실의 조직에 적용해 보면 더욱 유용할 것이다.

이 책을 저술하는 과정에서 은사이신 오석홍 교수님 등 조직 연구자들의 많은 지적 도움을 받았다. 또한 국방대학교의 안보과정 및 석사과정에 수학 중인 많은 고위관리자, 젊은 장교들과 학습 과정을 통해 실제적인 조직의 현상을 깨우칠 수 있었다.

이 책의 출판이 곧 '조직의 건강과 질병'의 완성이라고 생각하지는 않는다. 이제 첫걸음에 불과하다. 독자들, 조직관리 분야의 이론가, 관리자, 그리고 진단가들과 끊임없이 대화를 하면서 내용을 다듬고 보완하려 한다.

어려운 출판 사정에도 불구하고 이 책을 내 주신 대영문화사의 임춘환 사장님께 우선 감사를 드린다. 꼼꼼하게 교정을 보아준 민나온 박사과정생, 김성훈 석사과정생, 염기정 석사과정생, 대영문화사 편집팀, 그리고 자료를 지원해 준 국방대 도서관에 감사를 드린다. 끝으로 사랑하는 가족들과 함께 작은 기쁨을 나누고 싶다.

이 책이 건강한 조직과 건강한 사회를 만드는 데 다소나마 기여하기를 바란다.

2011년 5월
민 진

차 례

질병과 사례 목록

<질병>

<사례>

Chapter 01

조직의 건강과 질병: 진단과 치료

사람들은 좋은 조직이나 즐거운 조직에서 일하고 싶어한다. 이러한 조직이 되기 위해서는 조직이 건강하고 질병이 없어야 한다. 이 장에서는 조직의 건강과 질병에 대한 기본 개념과 구성 요소를 다룬다.

제 1 절 조직의 건강과 질병

1 건강한 조직, 병든 조직, 그리고 좋은 조직

'좋은 조직', '위대한 조직'이 갖추어야 할 조건은 여러 가지가 있는데 그것은 좋은 제품과 서비스를 만들며, 직원의 만족도가 높고, 핵심 이해관계자들(국민 혹은 주주)이 만족하며, 그리고 사회적 명성이 높은 조직이다. 건강한 조직은 좋은 조직, 위대한 조직이 갖추어야 할 다른 조건을 충족시키는 데 기반이 되는 조건이지 조직이 추구하는 목표 그 자체는 아니다.

정부는 국민에게 공공 서비스를 제공하며, 기업은 소비자들에게 사적 제품과 서비스를 생산하여 제공하고, 시민사회 조직은 시민들에게 각종 사회 서비스를 제공한다. 선진국 정부, 초일류 기업, 그리고 최고의 NGO가 추구하는 것은 최고의 제품과 서비스를 생산하고 제공하는 것이다. 이러한 제도들이 제품과 서비스를 생산하고 제공하기 위해서는 조직이라는 도구가 필요하다.

그런데 활력이 넘치고 에너지가 넘치는 조직이 있는가 하면, 쇠약하고 곧 사라질 것 같은 조직도 있다. 활력이 넘치는 곳에서 좋은 제품과 최상의 서비스가 제공되기 쉬운데 반해 쓰러져 가는 조직에서 그러한 제품과 서비스를 기대하기는 어렵다.

세상에는 제 몫을 다하고 사멸하는 조직도 있지만 건강하지 못해서, 병이 들어서 사라져 간 조직도 허다하다. 제때 조직의 건강을 챙겼더라면 더 오래 존속할 수 있었을 터인데, 그 순간 조직의 질병을 치료했더라면 지금도 살아서 제 역할을 하며 제품을 생산하고 서비스를 제공할 수 있을 터인데 사라진 조직들이 많다.

조직은 일시적으로 건강하지 않을 수 있고 병들 수도 있다. 사람처럼 조직도 아프면서 면역력을 키운다. 어떤 질병은 조직의 생존이나 생명에는 별로 영향을 미치지 않을 수도 있지만 또 다른 질병은 조직을 죽음에 이르게 한다. 예컨대 최고관리자의 리더십에 병이 생기면 그것은 조직의 생존에 크게 영향을 미치며, 기능체 조직이 공동체화하고, 공동체 조직이 기능체화하는 것은 조직이 죽음에 이르는 첩경이다(사카이야

[그림 1-1] 건강한 조직, 병든 조직, 그리고 좋은 조직

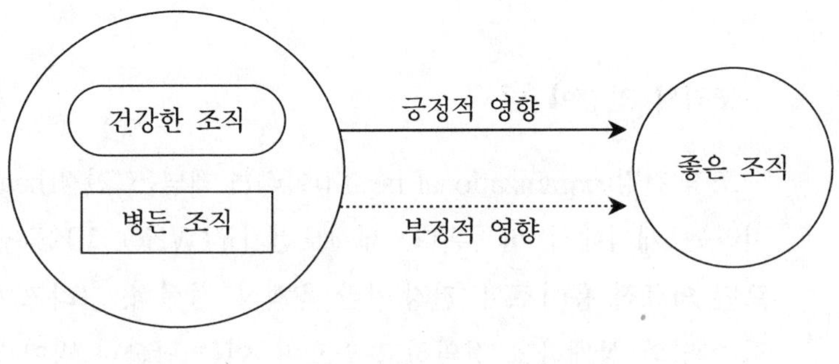

다이치 1993).[1)]

조직이 건강해야 조직의 목적과 사명을 더 잘 달성할 수 있다. 조직의 건강은 조직이 활동하기 위한 조건이기 때문이다. 건강한 조직에서 근무하는 사람들은 병든 조직에 근무하는 사람들보다 스트레스가 적고 만족감을 더 느낀다. 조직은 사람들의 집합체이므로 사람들이 병에 걸리면 결국 조직도 병에 걸린다.

건강한 조직은 즐거운 조직이나 좋은 조직을 만들기 위한 하나의 조건이다 (Lövey & Nadkarni, 2007). 따라서 병든 조직은 좋은 조직이 되기 어렵다. 조직의 질병을 치료하고 더 나아가 건강한 조직으로 이행할 때 비로소 좋은 조직이 될 수 있다.

1) 예컨대 기업과 같은 기능체 조직이 조직구성원의 복지에 최우선을 둔다면 그 조직은 결국 쇠약하여 죽게 된다.

2 조직 건강이란 무엇인가?

조직의 건강이란?

조직 건강(organizational health)이라는 개념은 '건강(health)'이라는 개념에서 비롯된다. 세계보건기구(WHO, 1948)에 따르면 의료적 용어로서 '건강'이란 육체적, 정신적, 그리고 사회적 안녕의 상태라고 정의하고 있으며, 이는 단순히 병이 없거나 허약하지 않은 상태만을 의미하지는 않는다.

인간의 건강에서 출발한 조직 건강은 조직의 업적을 나타내는 결과 상태(result state)보다는 과정(process)이나 능력(ability)을 포함하는 개념으로 인식되고 있다. 조직 건강은 조직의 실적이나 결과보다는 과정이나 능력을 강조한다. 즉 조직이 얼마나 실적을 산출했는가 하는 것보다는 그러한 산출을 낼 수 있는 조건이나 능력이 어느 정도 충분한가를 따지는 것이다.

조직 건강이란 조직의 최적의 기능 상태로 정의할 수 있다. 그것은 조직에 부여된 사명, 목적이나 기능을 모든 자원을 활용하여 수행할 때 가장 잘할 수 있는 상태이다. 따라서 조직 건강은 조직이 기능을 수행하는 능력을 반영한다(민진, 2009b, 31-59).

조직은 나름으로 주어진 기능을 수행하도록 관리 체제(system)가 설계된다. 관리 체제에는 조직의 구조, 관리 운영 절차, 자원의 활용, 그리고 조직인들의 심리문화 등이 포함된다.

따라서 관리활동은 전체로서 하나의 활동은 아니며 수많은 세부 활동으로 나뉘므로. 관리 하위 체제라 할 수 있다. 세부 관리활동 하나하나가 기능 발휘를 잘할 때 조직의 부문 건강이 확보된다. 의사결정의 기능, 의사소통의 기능, 인사 임용의 기능, 환경 적응의 기능 등 조직에서 발휘되는 모든 기능 하나하나가 최적을 이루어야 건강하다는 것이다. 즉 조직 건강이란 조직관리 체제가 기능을 발휘하는 최적 상태를 의미한다.

조직의 건강과 질병

조직 건강 그 자체는 부정적이라기보다는 긍정적인 의미를 갖고 있다. 그런데 조직 건강은 그 정도에 따라서 상대적이다. 즉 '매우 건강하다'와 '매우 건강하지 않다'를 양 끝으로 하는 연속선을 설정하여 측정할 수 있다. 조직의 건강 정도가 낮을 때 우리는 이를 '조직이 건강하지 않다'고 하며 그 정도가 매우 악화되었을 때 '조직이 병에 걸렸다'라고 한다.

특히 조직 건강의 부정적인 측면을 조직의 병리 현상(pathology), 역기능(dysfunction) 혹은 조직의 질병(organization disease 혹은 sickness)이라는 용어로 사용해 왔다. 병리 현상이나 역기능으로는 형식주의, 무사안일, 특권 의식, 정신이 없는 전문인, 조직 변화에 대한 저항 등을 들 수 있다.

이처럼 조직이 병에 걸리면 치료를 해야 제대로 기능을 수행할 수 있다. 그것은 자연적으로 치유되기도 하지만 이를 내버려두면 대부분 악화되기 때문에 조직관리자가 이에 대한 사전 및 사후 대응을 해야 한다.

개인 건강과 조직 건강

조직을 인간과 비슷하다고 볼 수 있을까? 인간과 조직을 모두 유기체로 보고 인간 건강에서 조직 건강을 유추할 수 있다. 인간은 생물학적 유기체이며 조직은 사회적 유기체라는 점에서 볼 때 인간의 건강과 조직의 건강은 몇 가지 점에서 유사점과 함께 차이점도 발견할 수 있다.

인간이 생로병사(生老病死)라는 과정을 거치듯이 조직도 생로병사의 길을 걷는다. 인간이 신체적 구조가 있는 것처럼 조직도 관리적 구조가 있다. 그리고 인간이 병에 걸리는 것처럼 조직도 병에 걸리고, 인간이 건강할 때 활력이 있는 것처럼 조직이 건강할 때 조직의 활력이 높다. 조직이 병에 걸리면 조직 전체로서 활력이 낮아진다.

인간은 남녀의 육체적 결합에 의해 하나의 생명으로 탄생하며, 120년이라는 최대 수명 범위에서 살아간다. 하지만 조직은 인간들에 의해 만들어진 제도적 산물로서 그 수명은 조직에 따라, 조직의 목적이나 조직의 형태에 따라 천차만별하다. 우리나라 기업의 평균수명은 약 30년이라고 하지만 인간이 상상할 수 없을 정도로 조직의 수명이 장기적인 것도 있다.

인간은 태어날 때 부모로부터 생명을 받으며 유전자에 의해 건강 정도가 상당 부분 결정되는데, 태어나면서 장애아와 우량아로 나뉠 수 있다. 그런데 조직은 어떻게 설계하는가에 따라 그의 건강이 달라지며, 설계를 잘하면 건강한 조직이 되지만 설계를 잘못하면 병든 조직이 된다.

인간의 신체적 구조는 매우 엄격한 정형이 있으나 조직의 관리적 구조는 일정한 정형이 없으며, 그것이 있더라도 느슨

하다. 즉 인간에게는 감각 기능을 행사하는 눈, 코, 귀 등이 누구에게든 있어야 하고 그것이 없을 때 불구라고 하며, 다쳤을 때 병이 들었다고 한다. 하지만 조직에는 조직의 유형이나 형태에 따라 요구되는 구조의 내용이 다르다.

인간이 성장과 변화를 하는 것처럼 조직도 성장과 변동을 반복한다. 성장기와 쇠퇴기를 어떻게 보내는가에 따라 각각의 건강이 결정된다. 하지만 인간이 환경에 적응하는 방식과 조직이 환경에 적응하는 방식은 너무 다르다.

인간으로서의 삶을 살아가는 것이 인생이지만, 인간의 목적을 별개로 규정하기가 대단히 어렵다. 이에 반해 조직은 제도화된 조직으로서 삶을 살아가지만 조직의 목적과 기능이 명확하게 규정되어 있다. 따라서 인간의 건강과 조직의 건강을 평가하는 기준이 다르다.

제2절 조직 건강의 구성 요소와 진단

1 조직 건강의 구성 요소

조직이 건강하다는 것은 조직이 관리해야 할 체제가 최적 상태에 있는 것을 의미한다. 저자는 조직 건강을 조직관리 체제, 자원관리 체제, 사회심리 체제, 그리고 개방 체제로서의 하위 체제와 이들을 전체로서 묶어 주는 통합 체제의 차원으로 구분했는데, 다음 [그림 1-2]와 같다.

[그림 1-2] 조직 건강의 구성 요소와 체계

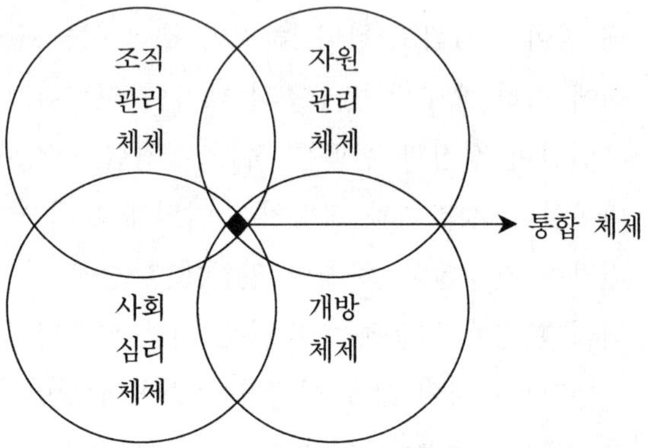

첫째, 조직관리 체제의 건강은 조직에서 관리하는 대상이나 과정의 최적 상태를 의미한다. 여기서 조직관리 체제는 조직을 관리하는 데 일반적으로 발견되는 조직 기능으로서 기획통제 기능, 구조관리 기능, 그리고 과정관리 기능을 포함한다.

둘째, 자원관리 체제의 건강은 조직에서 활용하는 자원관리 체제의 최적 상태를 의미한다. 여기서 자원관리 체제는 인력자원 관리 기능, 재정자원 관리 기능, 물자시설 자원 관리 기능, 그리고 지식정보 자원 관리 기능을 포함한다. 다만 조직에서 자원관리 기능의 특성은 공공조직인가, 사기업인가, 시민사회 조직인가에 따라 큰 차이를 보인다. 모든 자원의 획득과 동원, 임용, 자원의 활용 등과 관련하여 최적 상태를 살펴본다.

셋째, 사회심리 체제의 건강은 조직에서 일하는 사람들의 사회심리적 최적 상태를 의미한다. 여기에는 조직인 개인, 조직인 간 관계, 조직인과 조직의 관계, 그리고 조직의 가치 및 윤리적 측면의 건강을 하위 체제로 들 수 있다.

넷째, 개방 체제의 건강은 조직과 그 환경과의 관계의 최적 상태를 의미한다. 여기서 개방 체제 기능의 최적 상태는 환경에 대한 개방성과 적응성, 혁신과 개선 등 성질과 조직과 다른 조직과의 관계, 유기체로서 조직 자체의 생존 문제를 포함한다.

다섯째, 통합 체제의 건강은 위의 하위 체제들의 통합과 조정의 최적 상태를 의미한다. 조직에서의 통합과 조정을 위한 리더십, 이해관계자 관리와 고객관리, 공감대 관리 등이 포함된다. 기타 이들 체제에 속하지는 않으나 고려해야 할 요소로서 시간관리, 조직인의 건강 등을 다룬다.

2 조직 건강의 진단

조직의 건강, 그리고 조직의 질병을 진단하는 것은 인간의 건강과 질병을 진단하고 치료하는 것과 유사하다. 조직의 건강과 질병을 누가, 언제, 어떻게 측정할 것인가 등이 조직의 건강진단에 속한다.

누가 조직 건강을 진단하고 질병을 치료할 것인가?

조직의 건강에 대한 관리 책임은 조직의 최고관리자에게 있다. 최고관리자는 이를 조직관리 책임자에게 맡긴다. 그런데 누가 조직 건강의 책임자인지 불명확하다. 조직도에 명확하게 규정되어 있지 않은 경우가 많고 조직의 건강이나 질병이 한 부서나 단위에 국한되지 않기 때문이다. 하지만 이 문제를 총괄하는 것은 최고관리자의 직속기관(예: 감사실이나 회계검사실)이나 조직관리를 총괄하는 부서나 기관이 담당하는 것이 바람직하다. 왜냐하면 조직관리자가 조직의 건강 문제를 비교적 객관적으로 볼 수 있기 때문이다.

조직관리자가 조직 건강을 관장한다 하더라도 전문성이 결여될 때가 많으므로 조직의 건강이나 조직의 질병을 전문적으로 다루는 외부 전문가나 상담자를 계약에 의해 임시 고용할 수 있다. 일반적으로는 조직관리센터, 한국생산성본부 등과 같은 기관이 많은 전문가를 보유하고 있어서 조직의 건강 문제를 진단할 수 있을 것이다. 하지만 분야별로 진단을 원할 때는 분야별 전문가를 찾아야 한다. 예를 들어 의사소통 기능이 병에 걸렸다면 의사소통의 전문가를 찾아 진단하고 치료해야 한다.

언제 조직 건강과 병든 조직을 진단하고 치료할 것인가?

조직의 건강과 질병을 언제 진단하는 것이 바람직한가? 정기적으로 진단하는 것이 좋은가, 아니면 병이 발견될 때마다 진단하고 치료하는 것이 좋은가?

일상적인 건강의 체크는 매년 혹은 4, 5년에 1회 정도 집중적으로 하는 것이 바람직하다. 매년 시행하는 조직 건강 체크는 조직관리 부서에서 주요한 점검 사항에 대해 개괄적으로 점검, 설문조사나 고객들의 반응, 외부 이해관계자(주주, 이사회, 의회 등 감독기관)의 관심 사항을 중심으로 실시한다.

4, 5년에 1회 정도 실시하는 정기 건강 진단은 조직의 전반적인 사항에 대해 외부 전문기관에게 조직 건강이나 조직의 질병에 대해 진단을 받는 것으로, 상당히 많은 비용이 들고 조

직 내부의 비밀이 노출될 수 있으므로 관리상 주의를 필요로 한다.

하지만 조직에서 각종 문제가 발견될 때는 수시로 분야별로 진단하고 치료하여 문제를 해결하는 것이 바람직하다.

병든 조직의 징후 발견

조직의 건강을 평가할 때 건강하지 못한 조직 혹은 병든 조직의 징후로 대신하는 경우가 가끔 발견된다. 그런데 병든 조직의 징후가 조직의 불건강 정도를 나타내는 것은 아니다. 조직이 병에 걸리면 일정한 증상(symptom)이 발견된다. 예를 들면 결석, 조퇴, 이직의 증가, 불평불만의 증가, 근무 태만, 직원 간 잦은 싸움, 그리고 부정부패의 증가 등이 대표적인 증상들이다.

하지만 인간이 병에 들었을 때와 같이 조직이 병에 걸린 경우도 수백 가지일 수 있으며 병에 따라 증상이 다르다고 보아야 한다. 인사 기능이 병에 걸릴 때, 홍보 기능이 병에 걸릴 때는 증상이 다르다는 것이다.

병의 증상 혹은 병든 조직의 징후는 조직 건강을 구체적으로 확인할 수 있는 지표나 자료라는 점에서 의미가 있다. 그런데 이들의 모습은 다양하게 존재한다. 따라서 조직의 건강 상태와 건강 및 질병 유무를 보여 주는 징후는 논리적으로 구분되어야 한다.

어떻게 조직 건강과 병든 조직을 진단하고 치료할 것인가?

조직의 건강이 악화되었다고 진단되고 특정 관리 기능에 대한 병적 요소가 발견되면 조직은 이에 대한 치료를 해야 한다.

관리 기능이 병이 들었다는 것은 관리 기능이 최적 상태가 아니라는 것으로 그 원인은 제도나 구조적인 면, 관리 운영적인 면, 그리고 조직문화적인 면으로 요약할 수 있다.

제도에 문제가 있다는 것은 법규, 정관, 규정, 내규, 절차 등 제도가 없거나 그것이 현실을 잘 반영하지 못하고 있는 것이므로 제도를 만들거나 현실에 적합하도록 개정하고 개선한다.

구조나 조직에 문제가 있는 경우에는 조직과 기구의 통폐합, 신설 등을 통해 조직이 기능 수행을 잘할 수 있도록 재구축(restructuring)하거나 구조를 조정한다.

관리 운영의 문제를 치료하기 위해서는 관리 운영의 구체적 방법이나 절차를 마련하고, 필요한 인력, 예산, 물자, 정보자원을 활용하며 리더십을 발휘한다. 새로운 기술을 도입하여 문제를 해결할 수도 있다.

조직문화가 문제가 된 경우에는 조직문화를 바꾸는 작업을 실시해야 한다. 예를 들어 형식주의 문화를 실용주의적 문화로 바꾼다거나 고객 무시적 문화를 고객주의적 문화로 바꾼다. 문화를 바꾸기 위해서는 감수성 훈련 등 교육 훈련 방법을 사용한다.

Chapter

02 조직관리 체제의 건강

조직관리 체제의 건강은 조직관리 체제가 수행하는 기능의 최적 상태를 의미한다. 그런데 조직관리 체제 기능은 다시 기획통제 기능, 구조관리 기능, 그리고 과정관리 기능의 하위 체제로 구분할 수 있다.

기획통제 기능의 최적 상태는 조직관리의 단계별 흐름의 차원에서 본 최적 상태로서, 비전과 목표의 제시, 계획과 집행 점검, 그리고 실적의 평가 및 환류 단계를 포함한다.

구조관리 기능의 최적 상태는 조직의 구조적 측면에서 본 최적 상태로서 조직설계의 정합성, 분업과 통합구조의 적절성, 권한위임 적절성, 그리고 업무 제도화 등을 포함한다.

과정관리 기능의 최적 상태는 조직의 활동 과정에서 일상적으로 발견되는 활동의 최적 상태로서 의사결정과 의사소통을 포함한다.

이들을 그림으로 표현하면 다음과 같다.

[그림 2-1] 조직관리 체제의 건강과 최적 상태

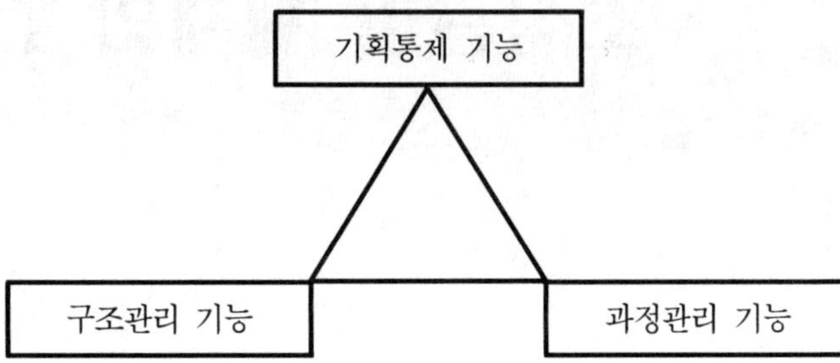

제 1 절 기획통제 기능의 최적 상태

1 목표 제시 기능

> 건강한 조직에서는 조직 목표가 실현 가능하며 체계적이나 병든 조직에서는 조직 목표가 모호하고 비체계적이다.

조직 목표의 의의

"금년도에 수출 2억 달러 달성", "산림 녹화 100% 달성" 등은 조직의 목표를 보여 주는 구체적 예이다. 조직 목표는 조직이 장기적으로 혹은 단기적으로 달성해야 할 바람직한 상태이다. 조직의 목표는 그것이 완전히 달성되면 목표로서의 효용과 의미가 상실된다.

조직의 목표는 조직의 존재 그 자체와 조직활동을 그 사회 내에서 정당화하는 근거를 제공한다. 즉 목표가 없는 조직은 조직으로서 존재 가치가 없다. 또한 조직의 목표는 조직이 추구하는 미래의 상태를 밝혀 줌으로써 조직구성원들에게 방향 감각과 행동 기준을 제공한다.

조직의 목표는 다양한 측면이 있으나 여기서는 조직의 임무나 과업의 수행 등 생산적 활동에 관한 생산 목표에 국한한다. 조직 목표가 제대로 기능을 발휘하기 위해서는 실현가능성, 구체성 그리고 체계성을 띠어야 한다.

건강한 조직의 목표는 구체적이고 실현 가능하며 체계적이다

건강한 조직에서는 일정한 기간이 지났을 때 조직의 역량으로 달성이 가능한 범위 내에서 비교적 구체적인 목표를 설정하고 이를 달성하려 노력한다.

건강한 조직에서 조직 목표는 실현가능성이 높다. 즉 조직이 보유하고 있는 여러 자원을 동원하여 노력하면 그것을 충분히 달성할 수 있다. 도달할 수 있는 목표이기에 조직원들에게 희망을 갖게 한다.

조직이 추구하는 목표는 여러 가지가 있을 수 있는데, 건강한 조직에서는 이들 간에 질서가 존재한다. 즉 목표 간에 상하 관계 및 선후 관계가 있거나 우선순위가 있어서 목표를 추구하는 과정에서 큰 갈등이 없다.

조직 목표를 설정하는 책임은 대체로 최고관리자(CEO)나 종합기획 부서에 있는데, 이들은 조직의 자원 및 체제의 제약이라는 전제 아래 목표를 설정한다.

병든 조직의 목표는 모호하고 실현 불가능하며 비체계적이다

병든 조직에서는 설정된 조직 목표가 모호하다. 조직이 내세운 목표가 지나치게 추상적이어서 방향을 제시하지도 못하고 조직의 평가 기준을 제시하지도 못한다. 따라서 조직 목표로서 기능이 발휘되지 않는 경우가 종종 발생한다.

병든 조직에서는 조직 목표가 터무니없이 너무 높게 설정되어 있어 조직구성원이 아무리 열심히 노력해도 달성할 수 없다. 한편 병든 조직에서는 조직 목표가 지나치게 낮게 설정되어 있어 조금만 노력하면 설정된 목표를 쉽게 달성할 수 있다. 설정된 목표가 지나치게 높거나 낮다는 것은 둘 다 조직의 역량이나 제약 조건을 충분히 고려하지 않고 그것을 설정하기 때문이며, 이들은 모두 조직을 와해시키는 지름길이다.

병든 조직에서는 조직의 목표 간에 연계성이 부족한 채로 연결되어 있는 경우가 많다. 즉 상위 목표와 이를 달성하기 위한 하위 목표나 수단 간에 연계가 부족하다. 또한 목표와 수단이 바뀌는 목표 대치 현상이 발생하기도 한다. 목표 간에 연계성이 부족하면 자원과 노력의 낭비가 따르기 쉽다.

효율적인 목표관리 방안

목표를 설정할 때는 조직의 역량과 환경에 비추어 실현가능성이 있도록 해야 하며, 어느 정도 가시적인 목표를 제시해야 한다. 그리고 여러 목표를 연쇄 체계로 이해하여 목표 간에 조화를 이루어야 하며, 목표 대치 현상이 일어나지 않도록 관리하고, 환경이 변동하면 목표의 수정이 필요한지 점검해야 한다.

전반적인 목표를 설정할 때는 최고관리자가 관심을 갖고 점검하며, 부분적인 목표를 설정할 때는 부문관리자에게 위임하거나 종합 기획 기구나 전략 설정 기구에서 검토하도록 한다.

질병 목표무질서증

조직의 활동이 다양해지고 조직의 규모가 커지면서 하나의 조직에는 수많은 목표가 등장하고 공존하게 된다. 이때 목표들 사이 관계가 체계적이지 못하면 질서가 깨지고 무질서로 치닫게 된다. 이것을 '목표무질서증'이라 부른다.

목표의 무질서는 수직적으로는 조직의 사명→조직의 상위 목표→조직의 하위 목표→목표의 달성 수단에 이르는 관계에서 어긋남이 있거나, 시간적으로 장기 목표-중기 목표-단기 목표 간에 어긋남이 많으며, 수평적으로 부문 간의 목표 간에 어긋남이 클 때 일어난다.

목표무질서증이 심하면 조직의 모든 활동이 통합되지 않고 단절되며 방향감을 상실한다. 조직의 기능과 부서 간에는 자기 목표만 고려하려는 편협함이 싹트게 되고, 다른 기능과 부서 목표의 중요성은 경시되며 조직 갈등이 일어난다. 따라서 조직 내에서 자원과 노력의 낭비를 초래한다.

목표무질서증을 치료하기 위해서는 여러 목표를 연쇄 체계(ends-means chain)로 이해하여 상위 목표와 하위 목표, 수평적 목표 간의 관계를 점검한 후 목표들을 재정리해야 한다. 중장기적 목표와 단기적 목표, 종합적 목표와 부문적 목표, 전략적 목표와 전술적·운영적 목표가 조화를 이루도록 목표를 설계해야 한다. 또한 조직 목표 간에 우선순위를 정해서 이에 따라 의사를 결정해야 한다.

2 비전 제시 기능

> 건강한 조직에는 공유하는 비전이 있으나 병든 조직에는 비전이 없거나 비전이 있지만 공유 정도가 극히 낮다.

비전의 의의

조직에서 비전(vision)이란 조직의 미래를 전망하는 힘으로서, 조직이 되고자 하는 바람직한 모습과 변화해야 할 방향을 제시한다.

인간에게 미래는 꿈과 같다. 꿈이 있을 때 기대가 있고 희망이 있으므로 우리는 그 희망을 그리면서 내일을 기다린다. 따라서 인간에게 미래가 없으면 절망에 빠지기 쉬우며 개인의 건강은 악화되기 쉽다. 인간에게서 미래의 희망에 해당하는 것이 조직에서의 비전이다.

조직에서의 비전은 조직에 활력을 불러일으키는 오아시스와 같다. 비전은 어느 정도 구체화된 미래이기에 조직이 노력하면 도달할 수 있으며, 조직이 보유하고 있는 자원을 한 곳으로 집중할 수 있게 한다.

조직의 비전에 대한 관심은 비교적 최근에 일어난 현상이다. 과거에는 조직들이 비전을 작성하거나 선포하는 일이 별로 없었는데, 요즈음은 많은 조직이 유행처럼 비전을 작성하고 이를 선포하여 조직관리의 기법으로 활용하고 있다.

건강한 조직에는 공유하는 비전이 있다

건강한 조직은 미래에 대한 비전이 있다. 하루하루 연명하는 조직에는 비전이 필요없지만 앞으로 몇 년, 아니 수십 년, 수백 년을 살아서 활동하려는 조직의 경우 조직의 비전은 필수적이다.

건강한 조직의 비전에는 조직의 핵심 가치가 포함되며, 조직의 임무나 사명이 잘 반영되어 있고, 그것이 포함하는 내용은 실현가능성이 크다.

건강한 조직에서는 구성원들이 비전에 공감한다. 조직에서 비전은 특정인 '그들만의' 비전이 아니라 '우리들의' 비전이다. 건강한 조직의 비전은 구성원들의 핵심적인 바람, 희망, 그리고 이상을 포함한다. 비전이 조직구성원들의 공감을 바탕으로 할 때 그것은 더욱 빛이 나며 위력을 발휘한다.

사례 주요 조직의 비전

한국전력공사: '고객과 함께 성장하는 세계적인 전력회사'

삼성전자: (Vision 2020) 'Inspire the World, Create the Future'

현대중공업: 'Gloval Leader, 미래를 개척하는 현대중공업'

POSCO: 'Creating Another Sucess Story'

교보문고: (Vision 2010) '2000년 이내에 평생회원 1천만 명 이상을 보유하고 지식과 문화산업 타깃 시장에서 압도적 1위 기업 되는 것'

서울대학교: '세계 수준의 종합 연구대학'

국립극장: '한국의 공연예술과 새로운 공연문화를 선도하는

국립극장'

대한체육회: 'Enjoy Sports, Better Life ! '

국방부: '21세기 선진 정예 강군 육성'

병든 조직에서는 적절한 비전이 없거나 그것을 공유하지 못한다

병든 조직에는 비전이 없거나 비전이 있더라도 구성원들의 공감도가 낮다. 비전이 없으면 조직의 미래가 보이지 않는다. 조직구성원들은 방향감이 없기 때문에 어디로 가야 할지 몰라 우왕좌왕하게 되며 그 조직을 떠날 준비를 하게 된다.

병든 조직에서 조직의 비전은 그것의 핵심 가치가 고려되지 않고 조직 본연의 미션과 상이하거나 관련이 없을 때도 있다. 그리고 비전의 내용을 실현하기가 매우 어렵다.

조직의 비전은 있으되 그것을 구성원들이 공감할 수 없다면, 그것은 진정한 의미에서 조직의 비전은 아니다. 최고관리자(CEO)나 조직의 주인(owner)만의 비전이 되어서는 구성원의 마음을 얻을 수 없다. 즉 그들만의 비전으로 남아서는 안 된다.

이처럼 비전을 조직구성원들이 공유하지 못하며 비전이 실현가능성이 낮은 이유는 비전 작성자들이 비전의 본질을 잘 이해하지 못해 그 외관만을 중시하거나 그것을 작성할 만한 능력이 부족하기 때문이다.

효과적인 비전 관리 방안

비전이 효과적이려면 우선 비전의 본질에 대한 이해가 선행되어야 한다. 다음으로 비전은 간결하게 표현되어야 한다. 비전이 복잡하게 표현되어 있으면 구성원들에게 소통되기 곤란하다. 또한 비전은 실현가능성이 있어야 하며, 조직이 어느 정도 노력을 기울이면 이룩할 수 있어야 한다.

다음으로 비전은 구성원들의 동의를 구해야 실효를 거둘 수 있으므로 비전의 작성 과정에 구성원을 참여시키고 비전 선포식 등을 통해 공감대를 확산시켜야 한다. 구성원의 동의를 받지 않은 비전이 이미 존재하고 있고 이를 시행하고 있는 경우에는 구성원들의 동의를 얻을 수 있는 절차를 다시 거치는 것이 좋다.

사례 KOTRA의 비전 설정

KOTRA는 2004년 WTO/ITC로부터 '세계 최우수 무역투자진흥기관상' 수상을 계기로 새로운 비전과 경영 목표가 필요했다. KOTRA의 새로운 비전은 전 직원의 공감대를 통해 다음과 같이 설정되었다. 먼저 비전 수립을 위한 토론회를 개최(2004. 11. 8)했다. 다음으로 후보작의 20작품에 대한 설문조사(2004. 11. 16.~19)를 실시했다. 마지막으로 제2차 직원 토론회에서 비전을 확정(2004. 11. 23)했다. 새로이 설정된 비전은 '고객 중심의 가치혁신을 실현하는 초일류 무역·투자전문기업'이었다. 그동안의 공급자 중심 사고에서 고객 중심으로 탈바꿈하고, 기존의 가치활동을 강화하고 신가치도 창조하며, 가치혁신을 달성하겠다는 의지의 표명으로 실행을 강조했다. 또한 세계적으로 존경받는 초일류 기업을 지향하며, 활동 영역은 수출과 투자 유치를 통해 국가 경제 성장에 기여하고, 비전 실현의 장으로서 전문화를 추구하며, 민간기업처럼 생각하고 행동하는 공기업이 되도록 하는 것이다.

출처: 신정식(2006: 276-277)

질병 허위비전증

허위비전증(false vision syndrome) 혹은 의사비전증(pseudo vision syndrome)이란 비전은 있으되 외관상으로만 비전이 존재하고 비전으로서 기능을 다하지 못하는 현상을 의미한다. 조직에 비전이 있다고 오해하거나 착각하고 있는 현상이다. 즉 조직의 비전은 있으되 그 내용이 지나치게 모호하며 실현 불가능하거나 조직의 사명이나 임무와 무관한 경우이다.

허위비전증이 발생하는 이유는 근래 들어 많은 조직이 비전을 갖고 있을 뿐만 아니라 비전 선포식을 하는 등 내부적으로 조직을 관리하기 위한 좋은 수단이기도 하지만 대외적으로 조직의 위상을 드러내는 수단이 되고 있기 때문이다. 따라서 조직구성원들의 동의 없이 조직의 최고관리자 등 몇 명이 주축이 되어 서둘러 비전을 만들며, 1회용 행사로서 이해하여 전시적 효과만을 노리고, 비전의 내용도 그 구성 요건이나 특성이 별로 반영되지 않기 때문이다.

허위비전증을 치료하기 위해서는 최고관리자가 내부 혹은 외부에 의뢰하여 비전 작성팀을 조직해야 한다. 이 팀은 비전에 조직의 사명을 반영하고 미래의 가치를 담도록 하여 작성한 후 선포식 등을 통해 공감대를 형성한다. 끝으로 비전이 모든 관리작용이나 기능에 연결되도록 관리해야 한다.

3 계획 기능

건강한 조직은 계획적으로 활동하나 병든 조직은 무계획적으로 활동한다.

기획의 의의

조직에서의 계획은 관리를 하는 데 매우 보편적이고 일상적인 수단이다. 하루 계획, 주별 계획, 월별 계획, 연간 계획, 중장기 계획 등은 물론이고, 부문별 계획 등 열거하자면 헤아릴 수 없을 정도로 계획행위는 많다.

기획 혹은 계획 작성(planning)이란 조직의 목표를 달성하기 위해 미래를 위한 여러 행동 방안을 모색하고 결정하는 행위나 과정이다. 계획 작성은 기획관리의 실질적 출발에 해당하는 단계이므로 계획 작성의 성패는 기획관리의 성패에 지대한 영향을 미친다.

계획은 정확한 문제 인식에서 출발하며 이때 좋은 정보가 좋은 계획을 작성하게 한다. 기획 정보에는 현황 정보와 예측 정보가 있다.

기획 능력은 분석력, 예측력과 조정력을 필요로 한다. 분석력은 상황에 대한 분석, 각종 계획의 구체적 대안에 대한 분석 등을 포함하며, 예측력은 미래에 대한 전망과 가정, 그리고 계획 대안들이 미래에 가져올 영향이나 성과 비용 등을 망라한다. 한편 조정력은 분야에 대한 갈등과 자원 배분을 조절하는 능력을 포함한다.

건강한 조직은 기획을 적극적으로 활용한다

건강한 조직에서는 여러 가지 형태와 유형의 계획을 활용하며, 이 때 철저한 기획 과정을 밟는다. 기획을 할 때는 해당 분야의 전문성을 필요로 하므로 다년간 다양한 분야에서의 근무 경력이나 분석 능력이 요구된다. 이를 위해서는 기획을 전담하는 부서나 전문 인력을 두어 이들을 활용한다.

건강한 조직에서는 분석적인 노력을 바탕으로 계획이 작성된다. 여러 가지 요소를 고려했기 때문에 합리적인 조직활동이 보장된다. 계획한 대로 집행하면 대체로 계획의 목표를 순조롭게 달성할 수 있다.

건강한 조직에서는 기획이 미래 예측을 바탕으로 이루어지며 중장기적인 전망과 이에 근거하여 계획을 작성한다. 시간대별로 업무를 준비하고 처리함으로써 자원과 노력의 불필요한 낭비를 줄일 수 있게 한다.

건강한 조직에서는 기획 과정에서 조직의 조정적 노력이 발휘된다. 기획을 통해 조직이 보유한 모든 자원을 합리적으로 배열하여 활용할 수 있다.

사례 대한민국 정부의 경제개발 5개년계획

개발도상국에서 선진국으로 진입한 나라 중에서 가장 성공한 나라로서 대한민국을 들 수 있다. 대한민국이 경제 선진국으로 진입하는 데 8차에 걸친 정부의 경제개발계획이 없었다면 불가능했을 것이다. 정부는 경제개발계획을 수립하고 집행을 감독하기 위해 경제기획원을 설립했다. 재정적 뒷받침 없이는 국가계획이 성공할 수 없기 때문에 기획 기능과 예산 기능을 경제기획원에서 구조적으로 통합한 것이다. 대통령이 경제개발을 잘하기 위해 리더십을 발휘하면서 여건을 조성했으며, 가장 우수한 관료들이 경제기획원에 근무했다.

병든 조직은 무계획적 · 비계획적이다

병든 조직에는 조직의 중요한 부분에 대한 계획을 갖고 있지 않다. 그리고 계획은 있더라도 기획 체제가 갖추어져 있지 않다. 즉 기획 부서가 별도로 존재하지 않거나 기획 전문가가 별로 없다.

병든 조직에서는 분석적인 노력을 바탕으로 계획이 작성되지 않는다. 계획을 작성할 때 조직활동의 비용과 편익, 영향 등을 면밀하게 분석하지 않아서 합리적인 의사결정이 이루어지지 않는다. 따라서 조직활동이 실패할 가능성이 크다.

병든 조직에서는 기획이 미래 예측을 바탕으로 이루어지지 않는다. 기획 과정에서 시간관리나 일정관리도 중시되지 않는다. 즉 기획을 할 때 사전 준비를 귀찮아한다. 따라서 미래에 조직의 환경이 변화할 때 이에 대한 적응이 매우 어렵다.

병든 조직에서는 기획 과정에서 조직의 조정적 노력이 발휘되지 않는다. 기획과 예산 등 자원 배분이 연계되어 있지도 않다. 따라서 실현가능성이 매우 낮은 계획을 추진하게 된다.

기획 능력 향상 방안

기획 능력을 높이기 위해서는 기획에 대한 인식의 변화가 선행되어야 한다. 즉 기획은 관리의 사활과 효과에 영향을 주는 매우 중요한 행위라는 것을 인식해야 한다. 다음으로는 기획 체제를 구축해야 하는데 기획 부서를 완비하고 기획 전문 인력을 확보하여 운영함으로써 분야별 분석력, 예측력, 그리고 조정력을 키운다. 또한 기획 단계에서 조정의 절차를 확립하고 이를 활용하여 부문 간 협조를 제도화하고 기획과 예산을 연계시키는 제도를 구비한다.

질병 기획예측부정확증

기획은 미래를 대상으로 하는 관리 행위이므로 미래에 대한 예측이 필수적이다. 그러므로 조직에서 기획의 효과는 미래 예측의 정확성에 크게 의존한다. 즉 미래에 대한 예측이 부정확하면 할수록 기획은 부실해진다.

'기획예측부정확증'이란 기획을 할 때 미래 예측의 정확도가 낮은 것을 의미한다. 즉 예측이 빗나가서 예상된 결과나 현상이 발생하지 않는 것이다. 이런 증상은 기획의 대안 분석 단계에서 가정한 기획 전제의 적절성, 예측한 영향 및 성과, 비용과 노력들의 정확성 정도를 계획 작성 이후 시간이 지나면서 평가할 수 있다.

기획 예측의 부정확성은 기획 체제의 예측 능력 부족, 예측자의 선입관이나 편견에서 비롯하기도 하지만 계획을 수립한 이후의 기획환경 변화 때문에 발생하기도 한다.

특히 가변적이고 동태적인 기획환경의 변화를 감지하고 이에 따라 예측하기 위해서는 개별적 전문성은 물론이고 조직 전체로서 체계적인 노력이 요구된다. 나아가 기획예측부정확증을 해소하기 위해서는 기획 체제의 점검과 구조화가 요구되며, 세련된 미래 예측의 방법과 경험에 바탕을 둔 지식이나 지혜가 동시에 요구된다.

4 집행 점검 기능

건강한 조직은 적시, 적소에 관리통제(점검)를 잘하지만 병든 조직은 적절하고 정확하게 관리통제(점검)를 하지 못한다.

관리통제의 의의

계획이나 업무의 집행은 그 책임을 맡은 기관이나 조직의 구성원들이 계획안에 따라 실시하는 것이므로 계획안의 이해와 해석에 따라서 집행 과정에서 융통성과 재량성을 가질 수 있다.

그런데 모든 사업이나 정책이 사전에 계획된 대로 집행된다는 보장은 없다. 집행 단계에서 항상 상황이나 환경은 변화할 수 있으며 따라서 계획을 수정하거나 수단을 재정비할 필요가 있다. 이것이 집행에 대한 관리와 감독이 필요한 이유이다.

계획이나 업무의 집행 결과나 실적이 계획 기준에 부합하는지 여부를 측정하여 수정하는 것을 계획의 통제 또는 관리통제(managerial control)라 한다. 이를 업무 수행 과정에서는 작업통제라고도 한다.

관리통제 기능을 평가하는 요소로 점검 능력과 통제 능력을 든다. 점검 능력은 문제의 인식과 판단 능력을 포함하며, 통제 능력은 점검 결과를 바탕으로 관리 단계에 이를 알려 주고 반영하는 능력이다.

건강한 조직은 관리통제를 잘한다

건강한 조직은 사업이나 계획의 집행, 그리고 업무 수행 단계에서 문제나 오류를 발견(error correction)하고 미리 예방한다.

기획관리 과정에서 점검 체계가 잘 마련되어 있으며, 이를 위해 관리자가 관리 감독을 정기적으로 하거나 예방적 조치를 취한다. 즉 관리자는 점검 체계에 바탕을 두어 정확한 대상에 대해, 정확한 시점에 점검을 한다. 이때 관리자들의 오랜 경험과 노하우가 필요하다. 건강한 조직에서는 관리통제를 위한 기준이 명확하게 설정되어 있고 표준화되어 있다.

작업 단계에서 작업자가 점검 업무를 담당한다.[1] 한편 사람 대신 기계나 전자 장치와 같은 자동조절 장치(자동제어 장치)를 두어 집행을 점검하기도 한다.[2]

한편 관리 단계에서는 작업자와 구분하여 관리통제만을 전문으로 하는 담당자를 둔다.[3] 또한 상급자나 관리자는 일상적으로 점검을 한다. 관리자는 보고 제도와 감독 제도와 같은 각종 관리 수단을 적절히 활용한다.

관리통제가 잘 이루어지면 문제나 오류를 제때에 시정하거나 해결할 수 있다.

1) 예컨대 병아리 부화공장에서 직원이 건강하지 못한 알을 제거한다.
2) 예컨대 전기 누전을 막기 위해 휴즈를 작동시킨다.
3) 예컨대 신문사나 출판사에서는 교열이나 편집을 담당하는 직원이 인쇄상의 오자와 탈자를 제거한다.

병든 조직은 관리통제를 잘 못한다

병든 조직에서는 기획 집행 과정에서 적시에 적절한 점검을 하지 못한다. 병든 조직에서는 필요한 점검을 하지 않거나 점검을 하더라도 점검해야 할 곳을 정확히 인식하지 못하며 어쩔 수 없이 하는 시늉만 한다.

병든 조직에서는 점검 체제의 능력이 부족하다. 관리 과정에 점검 인력이 없거나, 인력이 있더라도 전문성이 부족할 때 점검이 잘 되지 않는다. 점검 체제나 자동제어 장치가 결여되었거나 부족할 때, 일정관리 체제가 없거나 문제 발견 예상 지점이나 단계가 제도화되지 않았을 때 점검할 수 없다. 또한 점검에 대한 경시, 방관 및 방심 역시 점검을 어렵게 한다.

병든 조직에서는 통제 체제의 능력이 부족하다. 즉 보고 체제 및 이와 관련된 관리 체제가 제대로 작동하지 않는다. 통제의 기준, 방법 그리고 수단이 별로 없으면 통제를 하더라도 책임을 물을 수 있는 수단이 없게 되므로 효과가 별로 없다.

조직에서 관리통제가 잘 되지 않으면 문제의 발생으로 인해 조직이 부담하게 될 피해가 크게 된다. '호미로 막을 것을 가래로 막아야 하는' 경우가 발생한다.

관리통제 향상 방안

병든 조직의 집행 점검 능력을 회복하기 위해서는 자동점검 제도를 마련하거나 보고 제도 등 관리적 수단을 동원해야 한다. 동시에 이중으로 점검(크로스 체크)하게 하거나 분기별로 보고하게 하는 제도, 내부 감사기구를 두어 계획의 목표에서 멀어지지 않도록 한다. 또한 적절한 체크 포인트를 두어 주기적으로 점검하는 것이 바람직하다. 내부 점검 못지않게 외부 점검도 중요하다. 외부 문제 발굴자에 대해 적절한 유인을 제공하는 것도 유용하다.

질병 사후수습중독

조직에서 문제나 오류를 관리할 때 사전에 길목을 지키고 있다가 문제나 오류를 해결하는 것이 바람직하나 일부 조직에서는 매사에 문제가 발생하고 난 후 일정한 시점이 지나서, 또는 오류를 치유하기 어려운 시점에 비로소 사후 처리에 연연하는 경우가 있다. 이처럼 사전 예방이나 집행 점검보다는 사후 처리가 일상화되어 있는 관리 증상을 '사후수습중독'이라고 부르겠다. 일이나 사건이 터지고 나서야 비로소 정신을 차린다. 이렇게 되면 사건이나 문제를 치료하는 데 시간, 노력, 그리고 비용이 너무 많이 들거나 병을 치료할 수 없는 경우가 생긴다.

사후수습중독을 치료하려면 어느 부문, 어느 계층에서, 누구에게, 왜 사후수습중독이 있는지 실태를 조사해야 한다. 먼저 조직의 리더와 관리자의 인식 변화가 요구된다. 다음으로는 사전에 문제나 오류를 걸러내는 체제나 조직을 구축해야 하며 인력을 보강해야 한다. 그리고 사전 예방이나 집행 중 점검을 생활화할 수 있도록 보고를 받고 교육하며 지도해야 한다. 하지만 사후 수습 증상이 계속되면 이에 대한 개인 및 집단 책임을 물어야 한다.

5 실적 평가 기능

건강한 조직에서는 실적 평가의 타당도가 높으나 병든 조직에서는 그것의 타당도가 낮다.

실적 평가의 의의

조직에서 실적이나 결과에 대한 평가는 매우 빈번하게 이루어진다. 평가는 대상에 따라 다양하게 진행된다. 즉 정부조직에 대한 성과평가, 기업에 대한 경영평가 그리고 정부투자기관에 대한 경영평가 등은 물론 조직 자체에 대한 기능 진단도 이루어진다. 또한 평가는 그 대상이나 기준에 따라 계획평가, 정책평가, 그리고 업적평가 등 다양하게 존재한다.

계획평가란 계획 집행의 결과나 실적이 계획 기준에 부합하는지 여부를 측정하며, 이에 따라 원인과 결과 등을 평가하는 것을 말한다. 계획의 실시가 완료된 후 그 결과를 평가함으로써 추후의 계획에 대한 참고 자료로 삼을 수 있다. 또한 조직이 업무 수행 결과에 대한 책무성(accountability)의 요구를 충족시키는 데 적합하다.

계획이나 사업에 대한 평가에서는 평가의 타당도가 생명이다. 타당도(validity)란 특정한 계획이나 사업을 집행한 후 소기의 효과가 발생했는가를 판단하는 것으로 계획의 목표(혹은 정책 목표나 사업 목표)와 계획의 수단 간의 인과 관계를 검증하는 것이다.

건강한 조직에서는 평가의 타당도가 높다

건강한 조직에서는 계획이나 사업을 평가할 때 적절한 평가 설계를 바탕으로 객관적인 평가가 이루어지므로 평가의 타당도가 높다.

건강한 조직에서 평가의 타당도가 높은 이유는 평가를 제대로 할 수 있는 체제나 능력이 갖추어져 있기 때문이다. 정확한 평가의 논리에 따라 평가가 설계되며, 평가 대상에 따라 평가의 기법과 방법이 선택되어 적용된다.

건강한 조직에서는 실적 평가가 매우 객관적이다. 평가의 결과는 조직 내 개인이나 하위 부서에 영향을 줄 수 있다. 따라서 실적을 평가하기 전에 편견이나 선입견을 갖고 시작하지 않으며 평가의 결과 어떤 요소가 어느 정도의 효과를 거두었는지를 알려 준다.

평가의 타당도가 높으므로 평가의 결과를 신뢰할 수 있다. 따라서 평가의 결과를 조직의 여러 부문에 활용할 수 있다. 즉 정책과 사업에 관한 의사결정을 할 때 확대할 것인가 축소할 것인가? 계속할 것인가 중단할 것인가에 관한 필요한 정보를 제공해 준다.

병든 조직에서는 평가의 타당도가 낮다

병든 조직에서는 평가 자체가 없거나 평가가 있다 하더라도 평가의 타당도가 낮다. 평가가 없는 이유는 조직 내에 평가를 거부하는 사람이 많거나 평가의 중요성을 인식하지 못하기 때문이다.

병든 조직에서 평가의 타당도가 낮은 이유는 평가를 제대로 할 수 있는 체제나 능력이 갖추어져 있지 않기 때문이다. 평가의 논리에 따라 평가가 설계되지 않으며, 평가 대상에 따라 평가의 기법과 방법이 적용되지 않는다.

병든 조직에서는 평가가 매우 주관적이다. 평가를 하기 전에 편견이나 선입견을 갖고 시작한다. 이로 인해 평가의 결과가 왜곡되고 그 공정성이 훼손되는 경우가 많다. 즉 평가로 인해 특정 부문·계층·집단 그리고 특정인에게 유리하거나 불리한 결과를 가져오기 때문에 영향을 받은 집단의 일부가 평가를 악용한다.

업적이나 실적의 평가가 왜곡될 때는 그 평가 결과를 신뢰할 수 없게 된다. 이런 이유로 평가무용론이 제기되며, 평가 결과를 활용하는 데는 한계가 있고, 평가 기관에 대한 신뢰도 저하된다. 결과적으로 평가 자체에 대한 거부증이 발생한다.

평가의 타당도 향상 방안

평가의 타당도를 높이기 위해서는 평가 체계를 설계할 때 평가의 논리 즉 인과 관계나 상관 관계 등이 명확해야 한다. 또한 평가 방법이 과학적이어야 하고 평가할 때 편견을 버려야 한다. 평가의 효과는 다양하므로 단기적 산출과 중장기적 영향력을 구분하고, 주된 효과와 부수적 효과를 구분해야 한다.

평가의 객관성을 높이기 위해서는 권위 있는 전문적 외부기관에 평가를 의뢰하는 것이 바람직하다.

질병 평가거부증후군

'평가거부증후군'이란 조직 내에서 실시되는 계획평가 행위가 일부 조직구성원이나 관리자들로부터 거부되는 현상을 말한다. 즉 평가 행위 자체가 부당하다고 주장하거나, 평가 수행 과정에서 평가를 받지 않으려 하며, 평가를 받으면서도 은밀하게 평가 행위를 지연시킨다.

평가의 여러 가지 문제점은 평가 대상자들로 하여금 평가 자체를 거부하게 하는 원인이 된다. 평가에 대한 거부는 사업이나 기획관리자의 사업기획 효과에 대한 과도한 기대, 사업의 중단 가능성에 대한 우려, 평가 자체의 왜곡, 평가정보가 남용될지도 모른다는 우려, 평가무용론, 그리고 평가가 사업자금을 잠식한다는 비난 등에서 비롯된다(김명수, 2003: 85-87).

관리 과정에서는 평가를 위한 평가가 이루어져서는 안 된다. 평가에 많은 비용이 지불됨에도 불구하고 평가의 효용 때문에 평가를 하게 된다. 따라서 평가를 도입하여 관리하고자 할 때는 평가를 기획할 때부터 평가 체제를 거부하는 요인들을 분명히 파악하여 이들을 적절히 해소해야 한다. 또한 평가거부 증상의 수준과 내용에 따라서 대응해야 한다.

6 환류(시정 조치) 기능

건강한 조직은 환류(시정 조치)를 적절하게 잘하나 병든 조직에서는 환류(시정 조치)가 부실하다.

환류(시정 조치)의 의의

환류(feedback)란 계획평가의 결과를 계획이나 진행 중인 집행 단계에 반영하는 것을 말하며 보통 '시정 조치'라고도 한다. 환류를 하기 위해서는 먼저 설정된 표준이나 기준을 확인하고 성과나 실적을 측정하며, 다음으로 기준과 실적의 차이를 분석한 후 마지막으로 시정 조치를 취한다. 따라서 환류란 조직 내외의 자극과 도전에 대한 조직의 반응이라 할 수 있다.

환류(또는 시정 조치)는 성과 환류와 표준에 대한 환류로 구분되며, 성과에 대한 환류는 다시 즉각적 시정 조치와 근본적 시정 조치로 나뉜다. 즉각적 시정 조치는 문제가 발생한 즉시 수정 조치를 취하는 것으로 성과를 본 궤도에 올려놓도록 하는 것이다. 근본적 시정 조치는 오차에 대한 근본적인 조치를 취하는 것으로 제도나 절차, 구조의 변경 등을 수반한다. 표준에 대한 환류는 설정된 표준이나 목표 자체를 수정하는 것이다.

환류의 여부는 조직의 신경중추인 최고관리층이 직접 판단하거나 참모 부서의 건의를 받아 결정한다.

건강한 조직에서는 환류(시정 조치)가 적절하다

건강한 조직은 환류 체제가 잘 완비되어 있어 평형 상태가 잘 유지되며 평가의 결과가 중시된다. 따라서 건강한 조직에서는 평가의 결과가 조직에 우호적인 견해일 때는 물론이고 그것이 비판적인 견해라 하더라도 이를 수용한다. 건강한 조직에서 평가의 결과는 모든 관리 단계에서 적절하게 전달되고 반영된다.

집안의 온도 조절 장치는 일정한 온도 이상으로 올라가면

온도를 제어해 주고, 사람은 발열 장치를 통해 체온을 조절한다. 즉 열을 나게 하여 몸의 온도를 낮춘다. 이와 유사하게 건강한 조직에서는 오류가 발견되면 문제를 교정하기 위해 즉각적으로 시정 조치를 취하고 근본적인 수정 조치를 위해 제도를 정비한다. 건강한 조직에서 환류가 잘 되는 이유는 학습 조직으로서 체질화되어 있기 때문이다.

환류가 잘 되면 계획의 수정이나 수단의 변경을 통해 애로사항을 파악하여 문제를 미연에 예방할 수 있어서 계획이나 사업이 완료된 후에는 물론 그것이 완료되기 전에도 효과성을 높일 수 있다. 환류가 잘 될 때 조직의 성장과 발전, 그리고 조직구성원의 그것이 병행한다.

병든 조직에서는 환류(시정 조치)가 부실하다

병든 조직에서는 환류 기능이 미흡하다. 환류 체제가 없거나 있더라도 형식적으로 환류된다. 조직의 업적이나 실적에 대한 평가 결과가 무시되거나 경시된다. 실적 평가는 평가 그 자체로서 존재하며 조직의 관리 개선을 위해 활용되지 않는다. 그리고 자동제어 장치가 고장이 나 있으면 제어가 불가능하다.

병든 조직에서 환류 기능이 부실한 이유는 평가 결과의 전달 과정이 잘못되었거나 결과를 수용하는 기관이 이를 무시하기 때문이다. 평가 결과를 전달할 수 있는 보고회 등 체제가 갖추어져 있지 않거나 이와 관련된 책임 확보 수단이 없을 때 환류가 잘 되지 않는다. 또한 환류장애는 평가 자체에 대한 불신에서 비롯되기도 한다. '평가를 위한 평가'라는 인식이 팽배할 때 환류가 잘 되지 않는다.

환류가 잘 진행되지 않으면 계획 사업이나 업무 수행이 개선되지 않고 오히려 악화된다. 문제점은 방치되며 좋은 점은 활용되지 않는다. 이러한 상태가 장기간 계속되면 고객의 불만족이 커지며 조직은 쇠퇴하게 되고 최종적으로는 조직이 사멸하게 된다.

효율적 환류 방안

환류를 잘하려면 환류 시스템을 구축해야 한다. 사업이나 계획을 추진할 때는 환류를 의무화해야 한다. 예컨대 정기적으로 개최되는 성과분석 회의 등을 활용하며, 평가 단계에서 지적되거나 제시된 사항들이 어느 정도 반영되고 조치되었는지를 보고하게 한다. 특히 부정적 평가에 대해서는 조직관리자들이 이를 수용하지 않으려는 경향이 있으므로 최고관리층이 환류에 대해 더 많은 관심을 갖고 이를 지지해야 한다.

질병 환류장애

조직에서 '환류장애'란 시정 조치가 잘 이루어지지 않은 상태를 말한다. 즉 즉각적인 시정 조치나 근본적인 시정 조치가 일어나지 않는 상태로서 환류 체제(feedback system)가 작동하지 않는 것이다. 즉 환류 체제가 없거나, 있더라도 그것이 마비되었을 때 일어난다. 마비는 환류 기능에 대한 경시나 무시 현상을 포함한다.

관리상의 여러 가지 사건이 반복해서 터졌는데도 불구하고 관리 체제나 방법이 바뀌지 않거나, 성과나 실적이 높거나 혹은 낮음에도 불구하고 이에 대한 보상이나 표준, 그리고 제도의 변경이 없는 등 반응이 결여되어 있다면 환류 기능에 장애가 일어났다고 본다.

환류장애의 원인으로는 조직 내에서 환류 체제의 미비, 환류에 대한 관심의 부족, 책임이나 보상 방법의 부실, 그리고 낮은 학습조직화 수준을 들 수 있다.

따라서 환류장애를 치료하기 위해서는 환류 체제를 점검하여 체제로서 작동 여부를 확인하고 체제가 마비되었을 때는 체제를 복구하거나 보완 체제를 구축해야 한다. 특히 보상과 책임의 원칙이 반영되어야 한다. 장기적으로는 학습조직화를 위한 노력을 계속해야 한다.

제 2 절 구조관리 기능의 최적 상태

1 조직구조 설계와 조직의 정합성

> 건강한 조직은 조직구조를 설계할 때 정합성이 높으나 병든 조직에서는 그렇지 아니하다.

조직구조와 정합성의 관계

조직이 어떤 형태로 존재하든 조직은 조직의 목표와 기능, 조직의 구조, 조직인, 조직의 기술, 그리고 조직환경 등으로 하위 체제가 구성되며 이들 요소 간에 어그러짐이 없고 잘 연결되며 조화를 이룰 때 조직은 전체로서 정합성(fitness)을 띠며 건강하다고 할 수 있다. 한편 이러한 요소 상호간에 어그러짐이 있을 때 부적합성이 높다고 하며 조직의 건강은 나쁘다고 할 수 있다.

따라서 조직을 관리할 때는 조직의 건강이나 효율을 높이려면 조직 구성 요소 간의 정합성을 고려하여 조직구조를 설계해야 한다. 일단 조직이 생성되어 운영된 후에는 조직의 정합성이 조직진단의 기준으로 매우 유용하게 사용될 수 있다.

건강한 조직에서는 조직구조의 정합성이 높다

건강한 조직은 조직의 기능이나 조직의 임무에 적합하도록 조직구조가 설계된다. 또한 건강한 조직에서는 조직이 다루는 기술에 적합하도록 조직구조가 설계되고, 조직의 전략이나 목표에 적합하도록 조직구조가 설계된다. 그리고 조직환경의 특성에 따라 불확실성이 높으면 유기체적 조직으로, 확실성이 높으면 기계적 조직으로 설계된다.

예를 들어 학교 조직은 학교의 교육 기능을 수행하기 적합하도록 구조가 설계되며, 공장 조직은 제품을 생산하기 적합하도록 구조가 설계되고, 국회 조직은 다양한 의견이 수렴되어 결정할 수 있도록 구조가 설계되고, 행정기관은 행정 서비스를 잘 제공할 수 있도록 구조가 설계되며, 은행 조직은 자금의 대부와 저축 등의 업무를 잘 수행할 수 있도록 구조가 설계되어야 한다. 그리고 시민사회 조직은 관련 시민들의 참여를 확보할 수 있도록 조직구조가 설계되고, 종교 조직은 신앙생활을 잘할 수 있도록 조직구조가 설계되어야 한다.

정합성이 높은 조직일수록 조직의 관리가 효율적으로 이루어지며 구성원들은 심리적으로 안정된다. 나아가 정합성이 높기 때문에 불필요한 제도를 만들 필요가 줄어든다.

병든 조직에서는 조직구조의 정합성이 낮다

병든 조직에서는 조직의 기능이나 임무에 적합하도록 조직구조가 설계되어 있지 않다. 또한 병든 조직에서는 조직이 다루는 기술에 적합하도록 조직구조가 설계되어 있지 않고, 조직의 전략이나 조직 목표와 조직구조가 조화를 이루지 못하며 조직환경의 특성에 맞추어 조직구조가 설계되어 있지 않다.

즉 학교 조직이 행정기관처럼 조직구조가 설계되거나, 법원이나 의회,[4] 그리고 친목모임이 엄격한 계서제 형태로 조직구조가 설계되는 것은 기능과 구조가 어긋나는 대표적인 예이다.

정합성이 낮은 조직에서는 조직의 기능이 원만하게 발휘되지 않는다. 또한 조직의 왜곡 현상이 많아지며 이를 해결하기 위해 별도의 제도를 만들게 되고 조직구성원들을 불안하게 한다.

조직의 정합성 제고 방안

조직구조를 설계할 때 그 정합성을 높이기 위해서는 먼저 조직의 기능이나 임무를 정의해야 한다. 조직구조를 선택하고 설계할 때는 조직관리 하위 변수와 1대 1 대응으로 점검하면서 설계해야 하며 조직설계의 원리를 따라야 한다. 일단 설계된 다음 조직이 운영된 후에는 조직을 구성하는 어느 부분끼

---

4) 유신정우회(약칭: 유정회)는 1972년 10월 유신헌법에 따라 대한민국에 제4공화국이 출범하면서 대한민국 국회 전국선거구 의원들이 구성한 원내교섭단체로 준(準)정당단체이다. 그런데 이 기구는 박정희 대통령이 입법부를 장악하기 위해 만든 조직으로서, 정당으로서 정합성이 부족한 조직이었다. 결국 1980년 제5공화국 헌법의 발효 시점에서 통일주체국민회의와 더불어 사라졌다.

리 부정합한지를 진단하여 이를 교정하도록 한다.

최근 우리나라의 농협에서는 은행예금 및 보험 등 기업적 기능보다는 조합원의 이익 향상이 강조되는 조합적 기능이 더욱 강조되어 조직개혁이 이루어진 바 있다. 이는 임무 적합적 조직설계에 따른 것이다.

질병 조직구조모방병

조직은 외부에 정당하게 보이려는 노력을 하여 환경의 지지를 받으려는 경향이 있다. 즉 특정 조직이 조직의 기능, 사명, 기술적 특성을 고려하지 않고 유사한 조직 개체군에 속한 다른 조직들과 유사한 형태의 조직구조를 가지려는 경향을 말하며, 이를 구조적 유사성, 구조적 동형론(structural isomorphism)이라고 한다. '조직구조모방병'은 다른 조직이 특정 조직구조를 설계한다고 무조건 이를 따라 하는 증상이다.

예컨대 대학 조직에서 '학부' 조직이 불필요한데도 '학과'를 폐지하고 학부를 설치하거나 입학사정관제를 무조건 도입하는 경우, 그리고 정부기관이 기업의 팀제를 무조건 도입하는 것 등을 들 수 있다.

이러한 증상이 심해지면 조직구조를 모방하여 설계함으로써 기능과 구조가 부정합성을 띠게 되며, 설사 그러한 조직구조를 운영한다 하더라도 효과를 볼 수 없고 낭비적 요인을 만들 뿐이다. 조직의 겉모습은 그럴듯한데 실질은 '아니올시다'이다.

조직구조모방병을 치료하기 위해서는 조직 단위별로 조직구조가 필요한지를 정밀하게 진단하여 정합도가 낮으면 폐지하고 높으면 유지한다. 한편 조직구조를 모방할 때는 자기 조직의 전체적 구조와 문화, 관리 수준과 모방 대상 조직의 그것들을 비교분석하여 평가한 후 구조를 설계하려는 노력이 필요하다.

2 분업화

건강한 조직은 분업화(부문화)가 잘 되어 있으나 병든 조직은 그것이 부적절하다.

분업화의 의의

조직은 수많은 사람과 수많은 일로 구성된다. 조직에서 분업과 업무의 배분은 조직을 꾸려나기기 위해서는 필수불가결한 과정이다. 분업화는 부문화와 업무세분화로 구분된다. 우리는 이것을 부문화 또는 부서화라 부른다.

부문화(departmentalization) 또는 부서화는 조직의 종류나 유형에 따라 달라지나, 기능별 혹은 대상별로 실시되는 것이 보통이다. 때로는 제품별, 고객별, 지역별, 과정별로 구분되기도 한다. 부문화의 다음 단계는 직무세분화이다. 부문화된 업무들의 집합을 좀 더 세분화하여 특수화한 것으로 분업화라고도 한다.[5]

부문화 특히 부서의 수를 결정하는 원리로는 통솔 범위의

---

5) 예컨대 국민은행은 은행장 아래 경영관리그룹 등 10개 그룹으로 분화하고 부은행장이 관할하며, 각 그룹은 다시 2, 3개의 본부로 재분화하며 본부는 3, 4개의 부로 재재분화한다.

원리[6]가 제시되고 있다. 계서제에서도 조직의 높낮이에 따라 통솔 범위가 달라진다. 또한 부문화 과정은 업무의 양과 인력의 정원이 직접적으로 관련되어 있다.

건강한 조직은 분업화(부문화)가 적절하다

건강한 조직에서는 부문화나 직무세분화가 조직의 목표나 기능에 맞추어 잘 구조화되어 형성된다. 건강한 조직은 조직 설계의 원칙에 따라 조직의 업무가 배분된다.

부문들은 단위 자체로서 어느 정도 독자적인 기능을 수행할 수 있다. 건강한 조직이라면 다른 부서, 다른 부문과 밀접한 관계는 갖지만 홀로서도 업무를 수행할 수 있도록 설계되어 있다.

건강한 조직에서는 통솔 범위의 원리가 적절히 적용되어 부서의 수가 결정된다. 계서제이건 회의체 조직이건 간에 기능과 형태에 적합하도록 부서의 수가 결정된다. 또한 부서 간의 업무의 질과 양, 그리고 인력이 균형을 이룬다.

부문화나 분업화가 잘 이루어지면 전문화가 가속화되며 조직관리의 효율성이 높아진다. 통솔 범위가 적절하기 때문에 상급자의 관리 부담도 적절하게 된다. 분업화가 잘 되는 이유는 조직관리 능력이 충분히 있기 때문이다.

병든 조직은 부문화가 부적절하다

병든 조직에서는 부문 간 업무가 부적절할 경우가 많다. 부서나 부문이 어느 정도 독자적으로 기능할 수 없고 부문 간

---

6) 통솔 범위의 원리는 상관이 부하를 효율적으로 통제하고 감독하기 위해 대상 인원의 범위를 적절하게 제한해야 한다는 원리이다.

의존도가 지나치게 크다면 그것은 부서나 부문 설정이 잘못 설계된 것이다. 지나치게 업무의 의존도가 높다면 그것은 많은 비용을 야기한다.

병든 조직에서는 통솔 범위의 원칙이 적용되지 않는 경우가 많다. 계서제 상에서 하나의 상위 부서에 1, 2개만의 하위 부서만 설계되어 있거나 지나치게 많은 하위 부서가 설계되어 있다면 비효율적이며 업무 수행이 곤란하다. 대국대과주의(大局大課主義)나 소국소과주의(小局小課主義) 같은 형식적 논리가 지나치게 지배할 때 이런 현상이 발생한다.

병든 조직에서는 부서 간 업무가 부조화되거나 정원의 배정이 잘못되는 경우가 많다. 특정 부서에 업무의 양에 비해 과다 인원이 배정되거나 과소 인원이 배정되면 부서의 업무 수행이 순조롭지 않게 되고 결과적으로 조직의 기능 발휘가 곤란하게 된다. 정원 배정이 잘못되는 주된 이유는 부서 사이의 힘의 논리에 의해 직원 수가 결정되기 때문이다.

효율적인 분업화와 부문화 방안

업무 배분이 잘 이루어지려면 조직의 기능에 대한 진단이 먼저 요구되고, 조직의 전략에 바탕을 두어 부서를 신설하고 통폐합하며 편제 등을 조정해야 한다. 그리고 통솔 범위 원리에 입각하여 하위 부서를 설계한다. 그 후 부서 간 업무의 흐름 등을 진단하여 필요하면 업무구조를 재배열(reengineering)한다.

질병 부서할거주의

병든 조직에서는 일단 분업화와 부문화가 이루어진 후에는 부서이기주의나 부서할거주의(parochialism)가 팽배한다. 부서할거주의는 권한과 지위 면에서 수평적인 관계에 있는 여러 조직이나 하위 부분들이 하나의 정책, 계획, 그리고 사업을 분담하여 집행할 때 발생하며, 상호간 양보와 협조보다는 어느 한쪽이 더 많은 이익을 확보하며 더 적게 희생을 줄이려는 데 급급한 현상이다. 즉 부문화가 되면 부서와 부서 간에 벽이 생겨서 인위적 장막이 생기게 된다. 과나 부, 국 그리고 팀은 쪼개어 하나의 단위로 작용한 뒤에는 자체 결속력이 강화되고 자기 이해 관계가 구체화된다. 따라서 하위 조직 단위별로 다른 조직 단위와 경쟁하며 관계를 맺는다. 특히 구조적으로 할거주의적 경향이 있는 부서들은 참모 부서와 계선 부서, 영업 부서(생산 부서)와 관리 부서, 본부 부서와 지방이나 일선 기관들이다.

부서할거주의를 해소하기 위해서는 그 원인을 규명하고 문제를 해결하기 위해 부서 간 조정 기제를 설계하여 운영해야 하며, 조직의 상급 관리자들이 리더십을 발휘하여 할거주의를 완화시켜야 한다. 상호 이해와 협조를 위한 교육 훈련을 시키며, 상호 보직을 순환하여 근무하게 하고, 나아가 대국대과주의 원리에 따라 할거주의가 심한 부서를 통합한다.

3 개인 임무 할당

건강한 조직은 개인별 임무 할당이 합리적이나 병든 조직에서는 그것이 불합리하다.

개인별 임무 할당의 의의

분업화 단계는 부문화, 업무세분화를 거쳐 개인별 임무 할당의 단계를 거친다. 즉 업무 배분은 최종적으로는 개인별로 업무의 내용·권한·책임 등을 할당하게 되는데 보통 이것은 직위(position)의 내용을 구성한다.

직위의 단위들이 모여 직급을 이루게 되는데 이것이 임용의 자격 기준이며, 보수와 교육 훈련의 내용을 결정한다.

개인별 임무 할당과 관련해서는 권한, 책임, 의무 등가의 원리가 제시되고 있다.

건강한 조직의 개인 임무 할당은 합리적이다

건강한 조직에서는 직위의 내용이 한 사람의 직원이 처리할 수 있는 적절한 내용과 양으로 구성되며, 권한과 책임이 적절하게 수반한다.

조직에서 한 사람이 해야 할 업무의 양은 보통 1일 8시간 기준, 1주일 5일 근무 기준으로 산정된다. 조직에서 한 사람이 해야 할 일의 수준이나 질은 업무의 책임도나 곤란도 등으로 나타난다. 이것은 관리계층의 수준과 업무 직종에 따라 달라지며 보통 계급에 적합한 업무나 지위가 부여된다.

건강한 조직에서는 업무 할당 단계에서 직위의 권한과 책임 및 의무가 균형을 이룬다. 권한이 많으면 책임과 의무도 많고 그 반대도 성립한다. 조직으로부터 얻을 수 있는 편익이 많은 만큼 업무상 부담이나 의무 등이 많아진다. 따라서 직원들은 책임있는 행동을 하며 불만도 어느 정도 해소된다.

병든 조직의 개인별 임무 할당은 불합리하다

병든 조직에서는 직위의 내용과 양이 적절하게 연결되어 있지 않거나 업무의 내용에 걸맞은 책임이나 권한이 수반되지 않기도 한다.

병든 조직에서는 한 사람이 해야 할 일의 양이 평균 업무량에 비해 지나치게 많거나 적다. 단기적으로보다는 중장기적으로 많거나 적다는 것이다. 이러한 현상은 직무량 산정이 잘못되어 발생하며, 업무량 조정을 적시에 하지 않아서 일어나기도 한다. 업무량이 너무 적은 해당자들은 시간이 너무 많이 남아 개인 능력을 개발하기도 하지만 다른 사람의 업무를 방해하기도 하며, 업무량이 지나치게 많은 해당자들은 탈진하거나 피로가 누적되어 질병에 걸리기도 한다.

병든 조직에서는 권한과 책임이 일치하지 않는다. 이른바 업무의 불균형이 일어난다. 권한은 지나치게 많으나 책임이 별로 없는 경우와 권한은 적은데 책임만 많은 경우로 나눌 수 있다. 권한만 행사하는 개인이나 부서, 과도한 의무만 부담하는 개인이나 부서, 과도한 책임이나 무한 책임이 강요되는 개인이나 부서가 있다면 이것은 임무 불균형을 보이는 증상이다.[7]

그 이유는 업무분장이나 사무분장과 같은 제도적 결함에서 비롯되기도 하고, 차상급자의 업무 배분 과정에서 비롯되기도 한다.

임무 불균형 상태가 심각해지면 그 조직은 불공정성으로 인해 불평과 불만이 팽배하며, 조직구성원들의 합의와 동의를

7) 예컨대 부하 개인의 도덕적 문제에 대한 책임을 상사에게 전가하거나, 부서의 공동 책임을 특정 부하 개인에게 돌릴 때이다.

끌어내기 어렵고 다툼이 상존한다. 따라서 직원들은 무책임한 행동을 하게 되며 조직 전체적으로 질병에 걸리게 된다. 팀이나 집단, 그리고 부서에도 유사한 논리가 적용된다.

합리적인 개인별 임무 할당 방안

조직에서 개인에게 할당하는 임무는 권한, 의무, 그리고 책임이 각각 균형을 이루어야 한다. 즉 권한에 부합한 의무, 의무에 적합한 책임, 책임에 걸맞은 권한이 직위에 부여되어야 한다. 개인별로 임무 할당이 잘 되려면 먼저 직위별 직무분석이 이루어진 후 이에 따라 임용되고 보직되어야 한다.

인사관리자는 주기적으로 개인별 업무량이나 업무의 질에 대한 평가를 한 후 조정 단계를 거친다. 즉 개인이 실제 업무를 수행하면서 이들(권한, 의무, 책임)이 변동될 수 있으므로 1년에 1, 2회 임무분석을 실시하여 인사 담당 부서에서 사무분장을 한 후 조정해 주어야 한다. 그리고 상급관리자는 부하들에 대한 감독 과정을 통해 업무량이나 업무의 질과 관련하여 상담을 자주 하고 제도적 결함을 관리적 차원의 임무 할당을 통해 보완해야 한다.

질병 책임회피병과 책임도맡아병

'책임회피병'이란 권한과 의무 그리고 책임을 부여받은 직원이 업무 수행 과정에서 발생한 일이나 실적에 따라 책임을 수용하지 않고 다른 사람에게 책임을 전가하려는 증상을 말한다. 이 병에 걸리게 되면 조직에서 문제가 터지면 숨으려 하는 사람이 많아지고 상사의 지시만 기다리는 사람이 많아진다.

책임회피병의 원인은 직원 개인의 성격, 조직에서 업무 및 책임의 배분, 그리고 책임조직문화 등에 따라 영향을 받는다. 늘 문제를 피하는 사람들이 있다. 이들은 자신들이 업무의 희생자라고 보며 매사에 소극적이다. 업무 불균형이 심하면 특히 권한보다는 의무가 더 많으면 책임을 회피하게 된다. 또한 조직문화가 책임을 거부할 때 조직구성원들은 자연스럽게 책임을 회피한다.

한편 '책임도맡아병'은 다른 사람이 져야 할 책임까지도 부담하려는 병으로 다른 사람의 업무에 간섭을 잘하는 증상을 보인다. 이 병은 자기가 없으면 조직이 무너질 것이라는 지나친 자기 과신에서 비롯되기도 하지만 조직 내에서 모든 책임을 한 사람에게 부담을 지우려는 분위기 때문에 일어나기도 한다.

책임회피병과 책임도맡아병을 치료하기 위해서는 임무 불균형을 해소하고 책임을 수용하는 조직문화로 바꾸어야 한다. 장기적으로는 책임을 공유하는 조직으로 바뀌어야 한다.

4 통합구조

> 건강한 조직에서는 통합과 조정이 잘 되나 병든 조직에서는 그것이 잘 안 된다.

통합과 조정의 의의

조직에서는 업무를 쪼개어서 활동하게 된다. 따라서 조직의 목표를 달성하기 위해서는 분업화된 업무나 기능을 통합해 주는 체제와 활동이 필요하다.

통합과 조정은 계서제와 위원회제, 리더십, 그리고 관리적 행위를 통해 실시될 수 있다. 단독제형 조직에서는 주로 계서제를 활용하여 조정되고 통제된다. 계서제는 통합과 조정을 위한 제도적 장치이다. 합의형 조직으로는 위원회제, 이사회, 의회 등을 들 수 있으며, 이 중 위원회는 여러 조직에서 활용되고 있는 조정 기제이다.

예를 들어 과와 과 사이에 갈등이나 이견은 계서제 상의 바로 위 기관인 부, 국, 실이 해결하고 부와 부, 국과 국, 실과 실 간의 갈등이나 이견은 바로 위 기관인 본부장이나 이사, 차관 등이 차례차례로 해결하며, 부처 간 갈등이나 이견은 정부에서는 국무총리가, 최종적으로는 대통령이 해결하며, 회사 간의 갈등이나 이견은 그룹의 회장이 이를 해결한다.

건강한 조직에서는 통합과 조정이 잘 된다

건강한 조직에서는 통합과 조정이 잘 되며 부서 간, 기능 간 업무 협조가 잘 이루어진다. 화이부동(和而不同), 즉 다양성이 존재하되 전체로서 균형과 질서가 있다. 마치 오케스트라의 각 부분이 하나의 화음을 내면서 아름다움을 보여 주는 것과 같다.

건강한 조직에서는 계서제가 기능을 잘 수행한다. 계서제에서는 좀 더 상위자가 통합과 조정을 하며, 최종적으로는 최고 관리자가 조정한다. 또한 계서제 내에서도 위원회를 운영하면서 통합과 조정을 하는 경우가 많다. 한편 건강한 회의체 조직에서는 타협과 양보에 바탕을 두어 의사가 결정되며, 다수결에 따라 의사가 결정되더라도 소수자의 견해도 존중된다.

통합과 조정이 잘 되면 조직에서는 업무의 추진이 순조롭고, 갈등으로 인한 불필요한 노력이나 부담이 줄어든다. 즉 조직의 관리 비용이 감소한다.

병든 조직에서는 조정과 통합이 잘 이루어지지 않는다

병든 조직에서는 조정과 통합이 잘 이루어지지 않는다. 때로는 조정과 통합이 지나쳐 획일주의가 난무한다.

병든 조직에서는 계서제가 제대로 작동하지 않는다. 병든 계서제 조직에서는 분업화된 부서 간, 기능 간에 조정과 통합이 잘 되지 않는다. 부서이기주의나 부서할거주의(parochialism)가 팽배하며 이를 차상위 관리자가 해소하지 못하기 때문이다.

병든 회의체 조직에서는 합의를 이루는 과정에서 끝없는 다툼과 논쟁이 난무하며 건전한 의사 진행 절차가 무시된다. 또한 병든 조직에서는 나눠 먹기 식의 의사결정이 내려지기 쉽다.

따라서 부문 간 갈등의 가능성이 높으며 조직 전체가 무기력한 현상을 보이고, 부문별 고객들 간의 대립이 있을 수 있다. 또한 지나친 획일주의로 부문 간·기능 간·지역 간 다양성이 상실될 가능성이 높다. 이런 현상이 심하게 되면 조직이 와해된다.

효율적 통합 및 조정 방안

우선 통합이나 조정의 기제(mechanism)를 만든다. 통합이나 조정의 기제가 있더라도 그것이 기능을 잘 발휘하지 못할 때는 기제나 기구, 제도를 수정하거나 기구를 재편해야 한다.

계서제를 통한 권한의 위계 질서가 잘 이루어지지 않을 때는 적격자를 임명하고 부적격자를 대체하는 인사 조치를 단행하거나, 상호간 이해를 위한 교육, 인사 교환 근무, 그리고 상위자의 리더십 발휘가 필요하다.

회의체 조직에서는 위원회 조직의 신설, 구성원의 재편, 의사 절차의 정비, 그리고 다수결 원리 등에 승복하는 조직문화의 구축 등을 제시할 수 있다.

질병 획일주의

'획일주의'란 개성을 무시하고 인위적으로 통일하여 규격화하는 것이다. 획일주의는 하나됨과 통일성을 강조하며 다양성을 간과한다. 개인과 부문, 기능, 지역의 특수성은 간과되며 전체로서의 일체감과 통합, 그리고 일사불란을 강조하고 상황에 따른 융통성 있는 집행을 부인한다. 확정된 의사와 다른 견해나 의사는 철저히 무시된다.

조정과 통합은 조직의 모든 활동을 한 곳으로 모이게 하여 자원과 노력을 집중시키는 장점이 있다. 그런데 이것이 지나치면 획일주의가 등장한다. 또한 최고관리자나 리더가 카리스마적 기질을 갖고 있을 때, 조직의 문화가 전체적이고 공동체를 지나치게 지향할 때 획일주의가 나타나기 쉽다.

획일주의가 만연하면 다양한 통로로의 의사소통이 제한되고 의사결정의 합리성이 약화되어 조직의 신축성이 결여되며 환경 적응 능력이 떨어질 가능성이 크다. 관리의 현장이나 현지 적응성이 떨어진다.[8]

---

8) 예컨대 학교 현장 특히 학급에서 교사의 수업이 오로지 교범에 따라 융통성 없이 실시된다면 도시 학교와 시골 학교 학생들의 차이를 반영하지

획일주의를 해소하기 위해서는 그것이 장점보다는 단점이 많다는 것을 인식해야 하며, 특히 최고관리자가 리더십 스타일을 바꾸어야 한다. 나아가 제도나 규정에 상황 적합적 규정이나 환경 변화에 따라 적응할 수 있는 재량권이나 예외 규정을 두도록 한다.

5 권한의 배분과 위임

> 건강한 조직에서는 권한의 배분과 위임이 적절하나 병든 조직에서는 그것이 부적절하다.

권한의 배분과 위임의 의의

조직 내의 권한은 그 배분 양태에 따라서 집권과 분권으로 나뉜다. 권한의 집중성 정도는 조직 내의 의사결정 권한이 어느 개인·계층·집단에 집중되거나 위임되는 정도를 의미한다. 조직의 최고관리자나 상층부에 권한이 집중되어 있으면 집권화나 집권도가 높다고 하고, 반대로 하위자나 하층부에 위임되어 있으면 분권화나 분권도가 높다고 한다.

집권화나 분권화는 각각 장점과 단점이 있으며, 조직이 처해진 상황이나 조건, 환경, 조직의 업무 기술 등에 따라 집권화가 효율적일 수도 있고 분권화가 효율적일 수도 있다.

집권적인 조직이든 분권적인 조직이든 임파워먼트가 중요

못한 채 수업이 이루어질 것이다. 따라서 이를 해소하기 위해 대안학교 등이 만들어진다.

하다. 임파워먼트(empowerment)란 근로자들이 자기 직무에 대한 통제권을 갖고 자율적인 의사결정을 할 수 있도록 힘을 실어 주는 것을 말한다. 이를 통해 의사결정 권한이 상위 관리자로부터 내·외부 고객과 가까운 위치에 있는 직원들에게로 옮겨간다. 근로자들은 혁신자 역할을 수행하고 자신의 업무에 대해 관리자 역할을 수행한다.

건강한 조직에서는 권한의 배분과 위임이 적절하다

모든 조직에서는 각 계층마다, 각 직책이나 직위마다 직무 내용에 따라서 권한과 책임이 부여된다. 이때 건강한 조직에서는 각 직위마다 적절한 권한이 부여되고 행사되어 전체로서 균형된 권한 행사가 이루어진다.

보통 조직의 상층부에는 전략적 의사결정 권한이, 중간계층에는 관리적 의사결정 권한이, 하층부에는 실행적 의사결정 권한이, 그리고 최종 작업자에게는 일상적 작업 의사결정 권한이 각각 적절히 배분된다. 따라서 모든 계층의 관리자는 권력의 욕구를 어느 정도 충족한다.

집권적인 조직에서는 권한이 조직의 상층부에 집중되어 있으며, 의사결정권이 잘 수행되기 위해 참모조직이 보강되어 운영된다. 분권적인 조직에서는 권한위임이 적절히 이루어진다. 즉 임파워먼트가 잘 되어 모든 직위자가 주체적인 활동자가 될 수 있다.

병든 조직에서는 권한의 배분과 위임이 부적절하며 부족하다

병든 조직에서는 모든 권한이 중앙기관이나 본부조직에 집중되어 있고, 지방이나 일선 기관에는 권한이 너무 적다. 이렇게 되면 중앙기관이나 본부조직은 의사결정의 부담이 커지게 되고, 지방 기관이나 일선 기관은 자율성이 없는 기관으로 전락하며 책임을 지지 않으려 한다.

현장 관리자에게 재량권이 부족하게 되면 서비스 제공이나 생산 시간이 지체될 뿐만 아니라 고객지향성도 부족하게 된다. 일선관리자나 작업자에게 업무상 재량권이 없을 때 상부의 지시만 기다리게 되는 수동적 조직인을 양산하게 된다. 즉 임파워먼트가 잘 되지 않고 있는 경우이다.

또한 특정 기능이나 특정 부서에 권한이 지나치게 집중되면 그 기능이나 부서에 권력이 집중되어 관리상 마비를 일으키는 경우가 많다. 조직에서 핵심 정보를 다루는 기관이 정보를 독점하는 경우 조직이 마비된다. 그리고 합의제 조직이 지나치게 분권화되면 통합과 조정이 어려워진다.

효율적인 권한의 배분과 위임 방안

조직에서 권한의 배분과 위임이 잘 되려면 관리계층별로 권한 배분이 적절하게 이루어질 뿐만 아니라, 기능과 부서 간에도 권한의 견제와 균형이 이루어져야 한다. 세부적으로는 직위자 개인 간에도 권한 배분이 적절하게 되고 임파워먼트가 잘 이루어져야 한다. 전체적으로 권한과 책임의 균형 원칙이 준수되어야 한다.

이를 위해 조직에서는 권한 배분이나 권한위임에 관한 규정들이 마련되어야 한다. 최고관리자의 권한 배분에 관한 확실한 철학과 노력이 요구된다. 그리고 의사결정에 필요한 정보와 지식을 구성원들이 공유하고 혁신을 장려해야 한다. 이에 따른 직원들의 책임을 분명히 하여 승진과 보수에 반영해야 한다.

질병 권력사유화증

조직에서 고위직이나 특수 직책을 맡은 사람들 중에는 자신의 직위에 따른 권한을 하부나 하위기관에 위임하지 않고 유지하려는 경향이 있으며, 나아가 오히려 주어진 권한을 확대하여 이를 행사함으로써 자신의 권한을 권력의 유지와 강화의 수단으로 삼으려는 경향이 있는데 이를 '권력 사유화'라 부른다. 특수한 부서나 계층에서도 중요한 권한을 홀로 독점하려는 경향이 있다.

권력 사유화의 원인은 인간의 권력에 대한 독점욕이나 권력에 대한 집착에서 비롯된다. 많은 사람이 권력의 소유 및 발휘에 높은 가치를 두는 경향이 있다. 또한 권력을 갖게 되면 부와 명예 등이 함께 하는 경우가 많기 때문이다.

권력 사유화를 막기 위해서는 조직 내에서 제도를 통해 권력의 균형과 견제를 도모하고 주요 직위자의 임기를 제한하며 권한의 사용 과정을 투명하게 하여 사후통제를 받게 한다. 또한 권력 사유화가 지나친 자에 대해서는 권한을 제한하고 그 정도가 극심하면 조직에서 추방한다.

6 업무제도화

건강한 조직은 제도화가 잘 되어 있으나 병든 조직에서는 제도화 수준이 낮거나 형식주의가 만연한다.

공식화 및 제도화의 의의

공식화는 조직 내의 직무가 표준화되어 있는 정도를 가리키는 말이다. 다시 말해 공식화란 조직 내에서 누가 어떤 일을, 어떻게, 언제 수행할 것인가를 규정한 정도라고 할 수 있다. 공식화를 위한 수단이 제도이다.

정부 조직에서 제도는 헌법, 법률, 그리고 행정명령 등이며, 기업에서 그것은 정관, 내규, 그리고 업무편람 등이다. 이러한 제도화(공식화)는 조직구성원의 행위를 규제하며 조정을 촉진하고 서비스의 공평성을 확보하며, 조직 활동의 안정성과 예측가능성을 높여 줌으로써 조직의 효과성을 높일 수 있다.

제도화(institutionalized)란 특정한 사회적 질서나 문화적 패턴이 당연시되는 과정이다(하연섭, 2003: 112). 이것은 행위의 의미가 공유됨으로써 사회적인 질서가 만들어져 가는 과정을 말한다. 제도화는 법이나 규정 등 제도를 이행하거나 지키는 정도, 즉 '조직 내 규범 및 제도의 준수 정도'로 측정할 수 있다. 여기서 관습법이나 관례도 제도에 포함된다. 제도 자체를 부인하거나 그것을 인정하지만 무시하거나 준수하지 않는다면 제도화 수준은 낮다. 따라서 건강한 조직에서는 제도화 수준이 높고 병든 조직에서는 제도화 수준이 낮다.

건강한 조직은 제도화가 잘 되어 있다

제도는 일을 하기 위한 수단이다. 건강한 조직에서는 업무수행에 필요한 만큼 제도가 마련되어 있고, 제도를 이루는 세부 제도들 간에 상하간 또는 수평적으로 연계성이 높다. 즉 상위 법령이나 규정과 하위 법령이나 규정 간에 뒤틀림이 없으며, 관련되는 법령이나 규정 사이에도 모순이나 충돌되는 경우가 드물다.

각종 제도는 현실이나 현지 사정을 적절히 반영하고 있으며, 업무환경이나 상황에 적용될 수 있도록 일반적이며 융통성이 있다. 업무편람이나 표준운영절차(SOP: standard operational procedure)는 구체적인 업무 수행을 위한 가이드라인을 구체적으로 제시하며, 내용은 이해하고 운용하기 쉽고, 이에 따라 업무를 수행하면 대부분의 업무상 문제는 해결된다.

조직구성원들은 공식화된 규범인 제도를 잘 지킨다. 제도를 지키는 것이 더욱 자연스럽다. 제도화 수준이 높을수록 조직인들의 규칙 준수율이 높아지고 조직은 안정화된다.

병든 조직에서는 제도화 수준이 낮거나 형식주의가 만연한다

병든 조직에서는 문제 해결을 위한 적절한 제도가 없거나 제도가 있더라도 현실과 괴리되어 있어 현실을 반영할 수 없거나 제도가 사문화되어 있는 경우가 많다. 또한 상위 제도와 하위 제도 간에 적합도가 떨어지며, 관련되는 제도 간에 충돌이 많아 업무 수행 중 이를 적용하고 해석하는 데 갈등 요인이나 장애 요인이 된다.

병든 조직에서는 대부분의 조직구성원이 제도나 절차를 불필요하다고 느끼거나 불편해하고 지키지 않는다. 또한 제도지상주의가 되어 제도를 만들었던 취지나 의미를 망각하고, 조직의 목표를 달성하는 데 장애가 되더라도 현행 제도를 따르는 것에 만족하는 소위 번문욕례(red tape)나 형식주의가 만연한다. 선례나 전례가 없이는 일을 하기 어려운 것도 이러한 경우이다.

제도화 수준 향상 방안

제도화 수준을 높이려면 제도의 내용을 합리적으로 구성하여 민주적인 절차를 거쳐 작성해야 한다. 제도를 만들 때는 제도와 관행 간의 간격을 최소화하여 법이나 규정을 잘 지킬 수 있도록 해야 한다. 다시 말해 제도를 만들 때는 조직문화를 반영하여 작성해야 한다. 또한 법이나 규칙을 잘 지키는 자들을 보상하고 이를 어기는 자를 벌하는 상벌 제도의 적절한 집행이 수반되어야 한다.

그러나 제도 위주의 관례를 지나치게 추구하고 강조할 때 형식주의로 발전할 수 있다는 것을 잊지 말아야 한다.

질병 형식주의

형식주의(formalism)란 형식에 지나치게 얽매여 내용을 가볍게 생각해 버리는 것을 말한다. 문서주의나 규칙 일변도 등도 형식주의와 유사한 의미를 갖는다. 한 제도가 규율하고자 하는 목적 기준이나 그것이 요구하는 수단 또는 절차의 기준과 실제 관행 간의 격차 정도가 높으면 높을수록 형식주의의 정도는 높다(이종범, 1986: 50-74).

형식주의는 대규모 관료제 조직에서 발생하기 쉽다. 또한 조직에서 결과나 업적보다는 절차의 합법성을 더 강조할 때, 실패에 대한 책임감이 너무 클 때, 그리고 보수적 성향을 가진 조직구성원이 많을 때 형식주의가 만연한다. 대규모 조직에서는 규칙에 따르는 일이나 문서로 기록에 남기는 일을 중시한다. 즉 '규칙을 지키기만 하면 된다', '서류로 남겨놓기만 하면 된다', '악법도 법이다'라는 생각에 빠지기 쉽다. 나중에는 무엇을 위해 규칙을 만들었는지를 망각하게 된다.

형식주의가 심해지면 업무의 실질적인 수행이 제약을 받는다. 즉 관련 규정이나 제도가 없으면 업무 수행이 중단되거나 거부된다. 조직은 외면이나 겉모양을 중시하며 업무의 본질이나 실제를 경시하기 때문에 실적이나 업적을 증대하거나 개선하기 어렵다. 형식주의가 심해지면 조직의 발전이나 혁신에 장애를 일으키며 새로운 제도의 도입이 어려워진다.

형식주의를 해소하기 위해서는 형식주의의 정도를 측정한 후 기준과 관행과의 격차를 시정한다. 격차를 낮추기 위해서는 불필요한 제도나 규정을 수정·폐지해야 한다. 형식주의의 폐해를 알려 주고 실사구시(實事求是)하는 정신을 강조하여 형식주의로부터의 탈피를 유도해야 한다.

제 3 절 과정관리 기능의 최적 상태

1 의사결정

건강한 조직의 의사결정은 합리적이며 민주적이나 병든 조직에서 의사결정은 불합리하고 비민주적이다.

의사결정의 의의

조직에서 우리는 자주 의사결정을 하게 된다. 개인, 집단, 정부, 기업, 시민사회단체, 국제기구 할 것 없이 모든 사회 주체들은 그들이 어떤 행위를 할 때 종전의 방식으로 하든, 새로운 방식으로 하든 간에 의사결정이라는 활동에 직면한다.

의사결정(decision making)이란 개인, 집단 혹은 조직이 문제를 해결하기 위해 목표를 설정하고, 설정된 목표를 달성하기 위해 대안을 마련하며, 대안들 중에서 특정 안을 선택하는 행위를 말한다.

의사결정의 합리성이란 내용적 합리성과 절차적 합리성을 포함한다. 전자는 내용적으로 문제 해결이나 목표 달성과 이를 위한 수단의 적합도를 말하며, 후자는 의사결정을 할 때 합리적 추론의 과정을 의미한다. 한편 의사결정의 민주성이란 구성원이나 이해관계자의 의사가 적절히 의사결정 과정에 반영되는 것을 의미한다.

의사결정의 합리성과 민주성은 조직의 형태에 따라 그 비중이 다를 수 있다. 국회와 같은 정치 조직은 민주성이 좀 더 강조되고, 기업과 같은 경제 조직은 효율성이 더 강조된다.

건강한 조직은 합리적이며 민주적으로 의사를 결정한다

건강한 조직에서는 합리적으로 의사결정을 한다. 먼저 해결해야 할 문제가 잘 정의된다. 즉 무엇이 문제인지가 명확하다. 다음으로는 문제를 해결할 여러 대안을 고려하면서 분석 단계를 거친다. 대안들의 장단점을 비교 분석하고 평가하여 최선의 대안을 선택한다. 이처럼 의사결정 과정에서 합리적 추론의 단계를 거치게 되면 결정은 합리적이 된다.

건강한 조직에서는 적시에, 그리고 일관성 있게 의사결정을 한다. 또한 결정해야 할 문제의 중요도에 따라 분석의 시간과 노력이 비례한다. 중요한 문제, 가치의 결정 문제는 많은 시간과 노력을 투입하여 결정을 하며, 간단한 문제나 사실의 문제는 상대적으로 적은 시간과 노력을 투자한다.

건강한 조직에서는 조직구성원들의 참여가 보장되며 의견을 개진할 기회가 제공된다. 아울러 이해관계자의 이해가 의사결정 과정에 적절히 반영된다. 따라서 의사결정 이후에 그들의 지지와 협조가 유발된다.

병든 조직은 불합리하며 비민주적으로 의사를 결정한다

병든 조직에서는 비합리적으로 의사결정을 한다. 의사결정의 분석 단계를 거치지 않거나 대충 분석한다. 무엇보다도 문제의 정의가 잘 안 된다. 그리고 대안을 충분히 고려하지 않으며 대안의 비교와 평가도 충분하지 못하다. 더구나 반대하는 의견이나 비판적 견해가 표출되기 어렵고 수용도 안 된다. 절차를 제대로 거치지 않기 때문에 불합리한 결정을 내릴 가능성이 크다.

병든 조직에서는 의사결정이 지연된다. 적시에 의사결정이 이루어지지 않아 조직의 활동에 큰 제약이 된다. 결정해야 할 문제의 중요도에 따라 분석의 시간과 노력이 비례하지 않는다. 그리고 의사결정의 단계가 지나치게 많아 결정을 위한 시간이 많이 걸리나 효과는 없기도 한다.

또한 병든 조직에서는 의사결정의 일관성이 없다. 앞의 의사결정의 내용과 뒤의 의사결정의 내용이 다름으로 인해 조직 전체가 우왕좌왕한다.

병든 조직에서는 조직구성원들이 참여가 보장되지 않으며, 의견을 개진할 기회가 없다. 아울러 이해관계자의 이해가 의사결정 과정에 반영되지 않는다. 따라서 결정 이후에 그들의 반발이 심하다.

의사결정 능력의 제고 방안

의사결정의 합리성을 높이려면 먼저 적절한 의사결정 절차를 걸쳐 의사결정이 이루어져야 한다. 특히 의사결정 체제의 능력 향상을 위해 제도와 절차를 마련해야 한다.

의사결정 체제의 능력을 제고하려면 중요한 의사결정을 하는 데 수반된 의사결정 지원 체제를 구비해야 한다. 의사결정의 전 단계는 결정을 위한 분석 단계이므로 정책분석자들의 분석 능력을 제고해야 하며 전문적 경험과 능력이 수반되어야 한다.

또한 의사결정의 민주성을 높이려면 조직구성원의 참여를 제도화하고 이해관계자의 이해가 적절히 반영될 수 있도록 공청회 등의 절차를 마련한다.

질병 최고결정자의 독선적 의사결정

계서제 조직에서 의사결정은 보조기관이나 참모들에 의해 보좌나 조언을 받지만 의사결정의 책임은 최종 결정권자에게 있다. 이때 최고관리자나 CEO가 의사결정 절차를 무시하거나 보좌진의 조언을 무시하고 개인의 주관적 판단이나 개인적 경험에 주로 의존하여 의사결정을 하는 경우가 있는데 이를 '독선적 의사결정'이라 한다.

독선적 의사결정은 권위주의적 리더나 최고관리자의 의사결정 스타일에서 자주 나타나는 현상이다. 그들의 개인적 성향이나 기질·편견 때문에 독선적 결정이 되는 경우가 많다. 이들을 부추기는 것은 최고관리자로서 지위가 지나치게 오래 지속되거나 견제 세력이 조직 내에 없기 때문이다.

이처럼 의사를 독선적으로 결정하면 그것은 합리성을 결여할 가능성이 매우 높고 그것을 시행한 후 결과가 기대와는 달리 부정적으로 나타날 확률이 높다.

따라서 독선적 의사결정에서 벗어나려면 제도적으로 최고관리자의 결정권을 제약하거나 견제하는 장치를 만들며, 의사결정의 결과에 대해 정당한 책임을 지게 하고 임기를 제한해야 한다. 예를 들어 기업에서는 이사회(특히 사외 이사)를 두어서 회장이나 사장의 활동을 견제하며, 정부기관에서는 국회가 이들을 견제한다.

2 집단적 의사결정

건강한 조직에서 집단 의사결정은 합리적이나 병든 조직에서는 소위 '집단사고'를 한다.

집단 의사결정의 의의

조직에서 의사결정의 주체는 개인일 때가 많지만 집단일 때도 있다. 이때 집단은 국회처럼 규모가 큰 경우도 있지만 그것이 작은 경우가 대부분이다. 규모가 작은 예로는 이사회, 위원회, 연구팀, 태스크포스(task force), 혹은 검토단(review panal) 등이 조직에서 업무를 결정할 때 활용된다.

집단 의사결정은 개인 의사결정에 비해 장점도 있고 단점도 있는데 어느 방법도 항상 최선은 아니다. 즉 상황과 조건에 따라 집단 의사결정이 좋을 때도 있고 그렇지 않을 때도 있다.

집단 의사결정의 문제점으로는 집단사고가 제시되고 있다.

국회에서 회의하는 광경을 보면 늘 논쟁으로 가득 차기 때문에 국회가 항상 싸우는 장소로 잘못 인식되기도 한다. 하지만 합의를 이루어내는 과정이 그렇게 쉽지만은 않다.

건강한 조직의 집단 의사결정은 집단의 장점이 반영된다

건강한 조직에서 집단 의사결정은 개인 의사결정에 비해 그것이 갖는 장점들이 충분히 구현된다.

집단 의사결정은 많은 사람이 의사결정에 참여함으로써 의사결정을 할 때 필요한 다양한 정보와 지식이 증가된다. 달리 말해 지식정보 자원의 풀이 넓어진다. 따라서 개인 의사결정의 단점인 독선적이고 편협한 의사결정을 방지할 수 있다.

또한 건강한 조직에서 집단 의사결정은 참여자들 간에 업무의 전문화를 촉진한다. 그들은 의사결정 부담이 경감되고, 그들이 가장 잘하고 잘 아는 부문을 담당함으로써 집단적 노력의 질을 개선시킨다.

건강한 조직에서는 집단에 의해 의사가 결정되면 그것은 개인에 의해 결정되는 경우에 비해 수용될 가능성이 크다. 의사결정에 참여한 사람들은 의사결정을 좀 더 잘 이해하고 다른 사람에 의해 결정된 경우보다 업무를 더 잘 수행할 수 있다.

병든 조직의 집단 의사결정은 집단의 단점이 반영된다

병든 조직에서는 집단 의사결정의 단점이 많이 노출된다. 병든 조직에서의 집단 의사결정은 시간을 많이 소모하는 경향이 있으며, 결정에 대한 책임을 전가하고, 집단 간에 갈등이 잠재하며 집단의 지배적 지도자가 공개적인 토론 분위기를 억

압할 가능성이 크다.

특히 집단의 응집력이 지나치게 클 때 의사결정이 왜곡될 수 있는데 이것을 집단사고(group think)라고 한다. 한편 집단 의사결정은 집단 이동(group shift) 현상을 보인다. 집단에 들어오면 개인들은 집단에 들어오기 전에 기울여졌던 방향[9]으로 더욱 이동하는 경향이 있는데 이를 집단 이동이라 한다. 집단 이동은 양측의 구성원들이 당초에 가지고 있던 태도가 집단 속에서 더욱 과장되고 더욱 기울어진 상태로 나타나는데 이를 양극화 현상이라고도 한다.

집단 의사결정 효율화 방안

집단 의사결정을 효율화하려면 집단 의사결정의 단점을 발견하여 이를 치유하며 장점이 확산되도록 제도화를 도모하고 운영을 잘 해야 한다. 집단사고나 집단 이동 현상의 유무를 관찰하여 이에 대응해야 한다. 또한 조직 내에서 의사를 결정할 때는 소수의 견해나 다른 의견에 대해 귀를 기울이도록 한다.

질병 집단사고(group think)

미국의 배심원 판결에서 집단사고를 가끔 발견할 수 있다. 배심원들은 전문적인 법률가는 아니며 평범한 시민들이다. 그런데 판결 내용은 배심원의 구성에 따라 다른데, 동일 사건임에도 불구하고 어떤 배심원들은 유죄를, 다른 배심원들은 무죄를 평결한다.

이처럼 때때로 매우 응집력이 높은 집단에서 구성원들이 매

9) 예컨대 개발과 유지, 보수나 진보 등을 말한다.

우 실제적인 결정을 하는 것보다는 긍정적인 집단정신을 유지하는 데 관심이 많은데 이것을 '집단사고'라 부른다. 그들은 집단의 동질성을 깨뜨리려 하지 않기 때문에 집단 의사결정에 반대하는 것을 꺼린다.

집단사고의 증상은 다음과 같다. 명백한 위험 신호를 무시하며, 집단의 생각과 반대되는 신호를 무시하고, 그 집단의 입장이 윤리적이며 도덕적이라 믿는다. 또한 강력하게 동조하도록 압력을 가하며, 불만족한 아이디어를 사전 검열하여 제거하고, 집단의 모든 구성원이 그들의 판단에 동의할 것으로 믿는다.

집단사고에 효과적으로 대처하려면 개방적 질의 응답 과정을 촉진하며 하위 집단을 활용하여 견제를 해야 한다. 집단 의사결정이 갖는 단점을 제시하도록 허용하며, 의사결정이 집행되기 전에 의문이나 다른 아이디어를 제시하게 하는 제2의 기회 모임을 갖는다(Greenberg & Baron, 1995).

3 의사소통

> 건강한 조직은 의사소통이 활발하나 병든 조직은 의사소통이 막혀 있다.

의사소통의 의의

의사소통 또는 의사전달(communication)이란 "두 사람 이상 사이에 사실, 생각 그리고 느낌이 교환을 통해 공통적 이해가 이루어지는 일련의 과정이나 행위"라 할 수 있다.

의사소통(의사전달)은 사람의 몸 안에 있는 혈액과 같은 것으로 그것이 있기 때문에 조직이 생존할 수 있으며, 모든 관리기능이 통합·조정될 수 있고 합리적인 의사결정과 효율적인 집행이 가능하며, 조직구성원의 사기를 높여 주고, 조직 외적으로도 조직과 조직환경을 연결시켜 주는 등 조직의 관리에서 필수적인 요소라 할 수 있다. 따라서 모든 관리자는 의사전달자로서의 기능을 수행한다.

의사소통(의사전달)은 정보화 사회가 되면서 더욱 중요해졌다. 지식정보사회가 되면서 전달해야 할 정보의 양은 많으며 정보의 내용도 다양하기 때문에 의사전달에 대한 관심은 더욱 커질 수밖에 없다.

건강한 조직에서는 의사소통이 활발하다

건강한 조직에서는 의사가 모든 단계, 모든 분야에서 적절한 대상에게, 적시에, 정확하게, 적정량이 전달되어 의사소통의 효과가 높다.

효과적인 의사전달은 정확성, 적시성, 적합성, 그리고 일관성을 조건으로 한다. 의사전달의 정확성(accuracy)은 송신자와 수신자 간의 쌍방향적 상태에서 충족된다. 의사전달의 적시성(timing)은 필요한 시간에 의사전달이 되어야 함을 의미한다. 의사전달의 적합성(appropriateness)이란 의사전달이 권한이 있는 송신자에게서 수신자에게로 전달되어야 함을 의미한다. 의사전달의 일관성(consistency)이란 시간의 선후 관계에서 내용의 일관성 등을 의미한다. 건강한 조직에서는 위에서 제시된 세부 분야에서 의사전달의 요소들이 충족되어 효과성이 높다.

병든 조직에서는 의사소통이 막혀 있다

병든 조직에서는 의사전달이 왜곡되고 장애를 일으킨다. 병든 조직에서는 정보가 누락되는 경우가 많다. 의사전달 단계가 길어지게 되면 불가피하게 누락 현상이 발생한다. 의사전달의 계층에 있는 사람들이 고의적으로 혹은 실수로 정보의 내용을 조작하거나 빠뜨릴 수 있다.

병든 조직에서는 정보가 과부하된다. 과부하란 체제의 정보처리 용량을 초과하여 유입되는 상황을 나타내는 용어이다. 정보의 홍수에 휩쓸리다 보면 적절한 조치를 강구해야 할 중요한 문제를 가려내지 못하는 경우가 많다.

의사소통이 막히게 되면 조직의 각 부문은 통합과 조정이 이루어지지 않고, 직원 상호간에 공감대가 깨진다. 또한 병든 조직에서는 공식적 의사전달보다는 비공식적 의사전달에 의존하는 경향이 있고, 심할 경우 풍문이 휩쓴다.

의사소통 증진 방안

의사소통을 잘하려면 직접적 의사소통 통로를 점검하고 간접적인 의사소통으로 보완한다. 의사소통의 왜곡과 누락을 해소하기 위해서는 중복이나 가외성(redundancy)의 방법으로 하나의 메시지를 성질이 다른 채널을 통해 서로 다르게 되풀이하는 방법을 강구할 수 있다. 또는 통과(bypassing)의 방법으로 불필요한 단계를 건너뛰는 방법을 통해 의사전달의 누락을 막을 수 있다. 조직의 수직계층의 수를 줄여 평평한 조직(flat organization)을 만드는 것은 의사소통을 잘할 수 있게 하는 또 다른 방법이다.

질병 의사소통부정확증

의사소통을 위해서는 송신자가 전달하고 싶은 내용을 정확하게 수신자에게 전달해야 한다. 그런데 전달의 내용이 부정확할 때 의사소통의 효과성은 낮아진다. '의사소통부정확증'이란 전달된 표현이 수신자에게 정확하게 이해되고 있지 않으며, 전달내용에 대해 송신자와 수신자가 같은 의미로 이해하고 있지 않은 것이다.

부정확성이 높아지는 이유는 송신자가 의도적으로 전달 내용을 왜곡하거나, 의사전달의 환경에 소음이 많거나, 송신자와 수신자 간에 언어 수용 능력의 차이나 인식의 차이 등에서 비롯된다. "나"라고 말했는데 "너"라고 받아들인다면 그것은 정확성이 부족한 것이다. 또한 외교석상에서 "검토해 보겠다"라고 했을 때 그것을 강한 긍정으로 이해한다면 그것은 부정확한 것이다.

의사소통의 정확성을 높이기 위해서는 송신자와 수신자 간에 표준화된 의사소통 도구(예: 언어, 문서, 메일 등)를 사용하며 반복적으로 의사를 전달해야 한다. 또한 의사소통 환경을 개선하여 소음이 들리지 않도록 해야 한다.

질병 의사소통막힘증

의사소통은 송신자가 전달하고 싶은 내용이 수신자에게 전달되어야 한다. 그런데 전달 자체가 이루어지지 않은 경우가 있다. 이를 '의사소통막힘증'이라 한다.

의사소통이 막히게 되는 주요 요인은 수신자가 의도적으로 전달을 거부하는 경우, 송신자가 의사소통의 도구를 잘 알지 못하고 있는 경우, 송신자와 수신자 간에 적절한 의사소통의 통로가 구비되어 있지 않는 경우 등이다. 또한 의사소통 과정의 중간 단계에서 여과 장치(filtering mechanism)가 지나치게 작용하여 많은 의사를 제거하는 경우에도 발생한다.

의사소통막힘증을 해소하기 위해서는 막힘의 정도, 원인, 그리고 장소를 확인한 후 적절한 의사소통 통로나 수단을 구비하여 운영하고 정보의 과다를 통제해야 한다.

4 공공 관계

건강한 조직에서는 공공 관계가 활발하나 병든 조직에서는 그것이 활발하지 않다.

공공 관계의 의의

최근 도요타 자동차의 급발진과 관련하여 리콜 사태가 벌어졌으며 이 과정에서 공공 관계가 중요한 이슈로 떠올랐다. 공공 관계(public relations: PR)란 조직 또는 기관이 의미 있는 공중의 이해와 협조를 확보하기 위해 하는 활동이나 관계의 내용을 말한다.

이러한 공공 관계의 주체로는 정부, 기업, 그리고 정당은 물론 시민사회단체나 종교단체도 포함한다. 공공 관계의 객체는 의미 있는 공중(significant public)인데, 이들은 조직의 성공과 실패에 영향을 줄 수 있는 대상이다.

공공 관계에서 메시지를 전달할 때는 매체를 활용하는데, 그러한 매체로는 신문, 통신, 잡지, 라디오, 텔레비전, 케이블 TV, 인터넷, 그리고 책 등을 들 수 있다.

인터넷 시대가 도래하면서 공공 관계는 종전에 비해 많은 변화가 생겼다. 그런데 인터넷의 집단 지성은 전문 지성과 대중 지성으로 구분된다. 이 중 대중 지성은 사회 문제 해결에 도움을 주기도 하나 특히 검증되지 않은 정보의 생산과 유통, 쏠림 현상, 감성적이라는 특성을 가져 정부는 물론 기업 조직에도 심각한 영향을 미칠 수 있다.

건강한 조직에서는 공공 관계가 활발하다

건강한 조직에서는 공공 관계(PR)가 활성화되어 있다. 건강한 조직에서는 공공 관계 과정에서 주체가 객체, 즉 대상의 의견 및 태도를 정확히 조사·연구한다. 이를 '널리 듣다'라고 한다. 또한 공공 관계의 주체는 각종 매체를 활용하여 메시지를 객체에 전달한다. 이에 따라 객체가 태도를 변화했는지에 대해 평가한다. 건강한 조직에서는 공공 관계 관리 능력과 체제가 잘 갖추어져 있고 제대로 작용한다.

건강한 조직에서는 메시지의 정확성이 높다. 또한 수용자들은 전달된 메시지에 대한 동의 정도, 즉 수용도가 높으며 따라서 그들의 태도 변화 정도가 높다. 공공 관계의 주체와 객체는 쌍방향에서 의견을 교환하며 널리 듣고 널리 알린다. 또한 공공 관계 주체는 객체에게 강요하지 않고 설득한다.

공공 관계가 활발하면 조직은 소비자나 이해관계자를 포함한 대외적 관계가 좋아지며 외부 환경으로부터 지지와 협력을 받는다. 특히 여론의 향배를 좌우하는 각종 언론에 대한 대응 능력이 좋다.

병든 조직에서는 공공 관계가 활발하지 않다

병든 조직에서는 공공 관계가 활성화되어 있지 않다. 공공 관계 단계를 잘 거치지 않는데 조사연구는 부실하며 메시지 전달은 부족하고 결과적으로 객체에 대한 전달 효과가 낮다. 또한 공공 관계 관리 체계가 구축되어 있지 않다.

병든 조직에서 메시지의 정확성은 낮다. 공공 관계 목적에 맞추어 메시지 전달 매체가 결정되지 않는다. 병든 조직은 일방적으로 알리는 데 급급하며 일방적인 정보의 제공만을 염두에 둔다. 따라서 병든 조직은 공공 관계라기보다는 선전을 일삼는다.

병든 조직은 공공 관계를 잘 활용하지 못한다. 잘못이 있을 때는 솔직하게 시인하면 되는데 병든 조직은 이것을 잘 못한다. 인터넷 시대에 공공 관계의 관리가 더욱 어려워졌다. 풍문과 괴담이 흔하기 때문이다.[10]

공공 관계 향상 방안

공공 관계를 잘하려면 공공 관계 관리를 위한 조직 체제를 구비하고 공공 관계 전문가를 배치해야 한다. 공공 관계 관리 단계별로 조사연구 능력의 향상, 메시지의 전달 매체의 선정,

---

10) 2008년 4월 한미 쇠고기 협상 막바지일 당시 광우병 괴담이 인터넷을 도배하다시피 했다. '한국인의 대다수가 광우병에 걸려 죽을 것'이라고 압축되는 그 괴담은 그러나 과학적 근거가 희박한 과장된 주장이라는 점이 판명되었다. 인터넷 괴담은 2010년 5월 천안함 사건에서도 발견된다. 인터넷을 중심으로 제기된 내부 오폭설이나 피로파괴 가능성이 설득력을 잃게 되자 미군의 오폭설이나 한국 해군의 자폭설이 증권가 소문으로 둔갑되어 나돌았다.

그리고 객체의 전달 내용 수용과 태도 변화 등을 제대로 평가해야 한다.

공공 관계에서 언론과의 관계는 매우 중요하다. 기자 회견 등을 통한 적극적인 공공 관계는 매우 효율적일 수 있다. 특히 최근에는 인터넷이 광범위하게 보급되어 있기 때문에 인터넷을 통한 메시지 전달 방법을 잘 활용해야 한다. 즉 트위터나 블로그를 적절하게 활용할 수 있어야 한다. 그리고 공공 부문의 광고가 홍보 효과가 크다는 점도 유의해야 한다. 끝으로 평시는 물론 위기 시에 공공 관계 활동도 매우 중요하다.

질병 언론기피증후군

'언론기피증후군'은 공공 관계와 관련하여 특정 조직이 신문, 방송, 인터넷 블로그 등 언론기관이나 언론기관 소속 기자들을 접촉하는 것을 꺼려하는 현상을 말한다.

기자들은 항상 진실을 밝혀내려 하며, 조직의 은밀한 부분을 들춰내어 독자들에게 알 권리를 충족시켜 주려는 성향이 강하다. 그런데 이런 과정에서 언론 보도의 진실과 거짓이 밝혀지더라도 조직은 상당한 손해를 입을 수 있기 때문에 조직의 최고관리자들은 기자들과 만나는 것은 물론 언론에서 기사화되는 것마저 꺼린다.

언론기피증을 해소하기 위해서는 언론에 대한 긍정적 측면을 이해하도록 한다. 평상 시에 조직과 언론사 간에 건전한 관계를 형성해 놓는다면 오히려 조직이 어려울 때, 위기에 처했을 때 언론이 조직을 어느 정도 구해 줄 수 있다. 언론의 적극적 활용을 위해 언론 담당 부서를 신설하여 활용하는 것이 좋다.

Chapter 03

자원관리 체제의 건강

자원관리 체제의 건강은 자원관리 체제 기능의 최적 상태를 의미한다. 그런데 자원관리 체제는 인력자원 관리 기능, 재정자원 관리 기능, 물자시설 자원 관리 기능, 그리고 지식정보자원 관리 기능의 하위 체제로 구분할 수 있다.

조직에서 자원관리 기능의 특성은 공공조직인가, 사기업인가, 시민사회 조직인가에 따라 큰 차이를 보인다. 여기서는 자원관리 기능의 최적 상태를 자원의 획득과 동원, 임용, 자원의 활용 등과 관련하여 살펴본다.

건강한 조직에서는 인력의 순환이 원활하며, 인재는 자격과 능력, 그리고 실적에 따라 임용되고, 인재를 육성하며 인적 자원이 효율적으로 활용되고, 신체적으로 건강한 사람이 많다. 그렇지만 병든 조직에서는 인력의 순환이 원활하지 못하며, 연고나 관계, 그리고 거래에 따라 인재가 임용되고, 인적 자원을 육성하지 않고 그들이 남용되거나 불용되며, 신체적으로는 병자가 많다.

건강한 조직에서는 재정 상태가 건전하고, 재정자원이 합리적으로 배분되며 효율적으로 활용되나, 병든 조직에서는 재정상태가 불건전하고 비합리적으로 배분되며 비효율적으로 활용된다.

건강한 조직에서는 물자나 시설의 획득이 적절하고 안정적이고 효율적으로 활용되며 안전도가 높다. 그렇지만 병든 조직에서는 물자나 시설의 획득이 부적절하고 불안정하며 낭비되거나 비효율적으로 사용되며 안전도가 낮다.

건강한 조직에서는 지식정보 자원의 획득이 충분하고 양호하며 적절하게 공유되고 활용되며, 잘 보호되고 조직학습이 원활하다. 그렇지만 병든 조직에서는 지식정보 자원의 획득이 부족하고 불량하며, 공유거부증과 정보 격차가 심하고 남용되거나 불용되며, 보호되지 않고 조직학습을 경시한다.

이들을 그림으로 표현하면 다음과 같다.

[그림 3-1] 자원관리 체제의 건강과 최적 상태

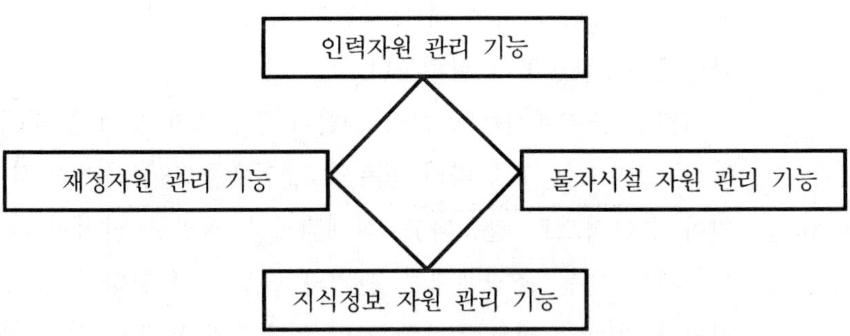

제1절 인적자원 관리 체제의 최적 상태

1 인력의 순환과 흐름

건강한 조직에서는 인력의 순환과 흐름이 원활하나 병든 조직에서는 그렇지 아니하다.

인력관리의 의의

인사관리가 개별적이라면 인력관리는 양적인 성질을 갖고 있다. 인사관리가 '누구'에 관한 문제라면 인력관리는 '어느 계층'을 '얼마나'에 관한 문제이다. 인력관리는 파이프처럼 단계별로 실시되는데, 그것은 인력의 획득, 인력의 배분, 인력의 활용, 그리고 인력의 유출 등으로 구분될 수 있다.

인력관리 단계에서는 인력 이동이 1년 혹은 몇 년을 단위로 주기적으로 일어난다. 즉 인력의 유입 단계인 인력의 임용과 채용 단계에서 인력의 수와 양은 다음 단계인 승진과 보직 이동의 양에 직접으로 영향을 주며, 이들은 다시 퇴출 단계인 이직에 직접 영향을 준다. 예를 들어 초기에 많은 인력을 채용했다면 이것은 승진 경쟁을 심화시키며 많은 수의 이직을 초래한다.

인력관리 중 인력 과정관리의 평가 기준은 인력관리의 흐름의 원활성 등이다.

건강한 조직에서는 인력의 흐름이 원활하다

건강한 조직에서는 인력(manpower)의 유입과 퇴출이 활발하다. 인력의 관리 단계별 유입과 퇴출이 정기적으로 이루어지는데 신규임용, 승진임용은 물론이고 인력 퇴출, 그리고 보직 이동 역시 정기적으로 이루어진다.

건강한 조직에서는 끊임없이 젊고 적극적이며 유능한 인력이 충원되며, 낡고 소극적이며 무능한 직원이 자연스럽게 유출된다. 승진과 보직관리는 일정한 시간적 간격을 두면서 적절하게 진행되어 조직에 활력을 불러일으킨다. 인력관리가 단계별로 원활하게 이루어지면 인사관리의 예측가능성이 높아지며 조직이 변동 속에서도 안정을 이룬다.

건강한 조직에서는 분야별로 인력구조가 조화를 이루며, 또한 세대별로 노년층, 장년층, 청년층이 적절히 조화를 이루는 인력구조를 이룬다.

병든 조직에서는 인력의 흐름이 단절된다

병든 조직에서는 인력의 임용과 충원이 불확실하고 비정기적이다. 전체적으로 인력관리 단계별로 인력 흐름이 원활하지 못한 현상을 '인력흐름불순'이라 한다.

이처럼 인력의 흐름이 단절되는 원인은 인력계획관리가 부실하고, 조직의 기능과 인력의 운영이 연결되지 않으며, 인력관리와 인사관리가 연결되지 않고 인력 운용에 대한 최고관리자의 관심이나 능력이 부족하기 때문이다.

병든 조직에서는 인력의 흐름이 단절되어 조직의 의사결정이 안정적이지 못하며, 막대한 신규채용 비용이 소요되고, 유능한 인재가 많이 퇴출됨으로 인해 새로운 교육 훈련 소요가 발생한다. 그리고 보직 이동이 드물어 업무 수행에서 신선감이 떨어진다. 또한 인력의 구성이 특정 세대에 집중되어 조직문화가 지나치게 보수화하거나 젊어지는 경향이 있다.

인력관리 개선 방안

인력관리를 잘하려면 인적자원계획을 수립하여 이에 따라 장기적이고 합리적으로 인력이 관리되고 효율적으로 운영되어야 한다. 인적자원계획은 인력의 수요와 공급을 산정한 후 작성되어야 한다. 이러한 인적자원계획이 효과적이려면 인사운영 체제가 뒷받침되어야 한다. 또한 경력개발관리를 위한 지원센터가 마련되어 직원들의 경력관리를 지원해야 한다. 전체적으로는 인적 자원 체제의 조직적 기반과 제도적 기반, 그리고 인사적 기반이 조화를 이루어야 한다.

질병 인력흐름불순

'인력흐름불순'이란 인력관리 단계마다 인력의 흐름이 장애를 보이는 현상을 말한다. 인력관리 단계는 보통 인력의 유입, 인력의 이동, 인력의 퇴출로 크게 이루어지며, 인력의 이동은 보직 이동과 승진 이동으로 구분된다.

인력흐름불순은 인력관리의 단계가 바뀔 때마다 병목 현상이 일어나서 흐름이 원활하지 못한 상태이다. 예컨대 신규임용이나 승진임용이 중단되거나 대규모 감원이 실시되는 등 인력의 유출이 갑자기, 대규모로 단행되며 주기적인 보직관리가 이루어지지 않는다.

인력흐름불순은 중장기적 인력계획이 없을 때 흔히 직면하게 된다. 설사 인력계획이 있다 하더라도 인사책임자나 최고관리자(CEO)가 인사정책에 따라 단기적으로 인력관리 단계에서 계획 내용을 급격하게 변경하여 집행할 때 발생한다.

따라서 인력흐름불순을 해소하기 위해서는 인력관리계획을 잘 수립하고 이에 따라 인력을 관리하되 주기적으로 계획을 수정해야 한다.

2 인력구조

건강한 조직에서는 인력구조가 균형을 이루나 병든 조직에서는 그렇지 아니하다.

인력구조의 의의

인력구조는 조직에서 인력의 부분별·기능별·지역별 배치의 정도를 나타낸다. 분포에는 양적인 규모의 분포가 중심이 되나 질적인 구조도 포함된다. 조직의 기능 수행이나 목표 달성에 적합하도록 인적 자원의 구조를 관리하고 운영해야 한다.

조직에서 인력의 구성은 부문별·기능별로 조화와 균형을 이루되 전략적인 부문에 양질의 인재가 배치되어야 한다. 또한 구성원의 학력(전공), 연령, 신분, 출신 등도 인력구조의 기초를 이룬다. 다문화 사회에서는 국적이나 종족의 다원화 같은 것이 구조의 한 지표가 될 수 있다.

조직에서 인력구조 관리의 평가 기준은 인력관리의 조화성 등이다.

건강한 조직에서 인력의 구조는 균형을 이룬다

건강한 조직에서는 인력구조가 분야나 부문 간, 기능 간, 그리고 지역별로 균형을 이루며 이들 간에 조화를 이룬다.

건강한 조직에서는 사업 분야, 관리 분야, 지원 분야의 인력구조가 조직 전체의 목적을 달성하기 위해 균형을 이룬다. 또한 관리계층별로 최고관리층과 중간관리층과 하급관리층 혹은 일선 작업계층의 인력구조가 균형을 이룬다. 분야별·부문별로 인력의 과부족이 별로 없다.

이처럼 인력구조나 분포가 조직의 부문별·기능별로 균형을 이루게 되면 조직 전체적으로 원만하게 활동을 해가며 활력이 넘친다. 또한 인사관리의 예측가능성이 높아지며 조직이 변동 속에서도 안정을 이룬다.

일시적으로 인력구조의 불균형이 있을 수 있으나 이들은 중장기적으로 원상 회복한다. 지나치게 균형을 추구하는 것은 조직의 발전과 성장을 저해하기도 한다.

병든 조직에서 인력의 구조는 불균형적이다

병든 조직에서는 인력구조가 분야나 부문 간, 기능 간, 그리고 지역별로 불균형을 이루며 이들 간에 조화를 이루지 못한다.

병든 조직에서는 사업 분야, 관리 분야, 지원 분야의 인력구조가 조직 전체의 목적을 달성하기 위해 균형을 이루지 못하며, 특정 부문이 지나치게 비대하거나 지나치게 왜소하다. 즉 어떤 분야에는 인력이 과잉 공급되고 어떤 분야에는 인력이 과소 공급된다. 또한 어떤 부문에는 전문가가 많은데 다른 부문은 그렇지 못하다.

이처럼 인력구조나 분포가 조직의 부문별·기능별로 불균형하게 되면 조직 전체적으로 협력 체제를 이루기 어렵게 되며 활력이 사라진다. 또한 인사관리의 예측가능성이 낮아지며 조직이 변동 속에서도 불안정하게 된다.

인력의 구조와 분포가 불균형하게 된 원인은 인력계획관리가 부실하고 인력 운용에 대한 최고관리자의 관심이나 능력이 부족하기 때문이다.

인력구조 균형화 방안

인력구조가 균형을 찾으려면 조직의 기능, 조직의 구조 그리고 인력계획이 조화를 이루어야 한다. 조직구조화의 일반적 원리에 따라서 조직구조가 설계되고, 이에 따라 인력계획과 인사 조치가 수반되어야 인력구조의 균형을 모색할 수 있다.

분야별 인력 규모를 결정하는 과정에서 각 부문은 인적 자원의 확보를 위해 경쟁하게 되며, 그것이 정상을 벗어날 때 인력구조는 왜곡되므로 최고관리자는 조직의 기능과 구조, 그리고 인력 규모를 결정할 때 조직진단 및 조직설계 원리와 같은 합리적인 근거에 따라 결정해야 한다.

질병 인력구조의 비만증과 왜소증

'인력구조의 비만증'이란 인력구조가 조직이 기능을 수행하는 데 전체적으로 비대해 있거나 특정 부문이 다른 부문에 비해 상대적으로 인력 규모가 큰 현상을 말한다. 이와는 반대로 '인력구조의 왜소증'은 특정 부문의 인력은 너무 작아서 기능을 수행할 수 없는 상태에 있는 것을 말한다.

조직에서 관리 지원 분야 인력이 핵심 사업 분야 인력보다 지나치게 많으면 이를 행정 농도가 높다고 한다. 상위계층이 중간계층이나 하위계층의 인력보다 상대적으로 많은 역삼각형의 인력구조를 보이면 조직의 안정성이 결여된다.

인력구조의 비만증 원인은 부분별 인력 쟁탈이라는 조직의 할거주의에서 비롯된다. 또한 그것은 규모의 경제에 대한 환상에서 비롯된다. 큰 것이 좋다는 것이 조직의 인력관리 단계에서 적용될 수 있다. 인력 규모의 왜소증은 특정 부문의 조직 내에서 정치적 영향력이 너무 작아 인력 증가 요구가 반영되지 않기 때문이다.

따라서 인력구조의 비만증이나 왜소증을 해소하기 위해서는 인력 규모가 다른 유사 조직들의 규모에 비해 큰지 또는 작은지를 확인하고, 행정 농도를 측정한 후 인력구조의 분포를 재설계하여 관리해야 한다.

3 인사임용

> 건강한 조직에는 자격과 능력 그리고 실적에 따라 임용되나 병든 조직에서는 연고나 관계, 그리고 거래에 따라 임용된다.

임용의 의의

유능한 인적 자원의 확보는 조직의 능력을 결정하는 중요한 요소이다. 인사관리에서 임용이란 조직에서 일할 유능한 사람을 확보하고 활용하는 활동으로 적극적인 면도 있지만 조직의 결원을 보충하는 소극적인 면도 있다.

임용의 방법은 외부임용(신규채용)과 내부임용이 있다. 외부 임용 방법은 공개경쟁과 특별채용으로 구분할 수 있다. 내부 임용 방법으로는 수직적 이동(승진과 강등), 수평적 이동(전직, 전보, 파견, 겸임), 그리고 해직과 복직이 있다.

임용의 평가 기준은 합리성과 공정성이다. 합리성은 임용의 목적에 부합되게 인사가 이루어졌는가의 문제이며, 공정성은 사회적 지위 등에 따라 부당하게 임용상 불이익을 받지 않아야 된다는 점이다.

건강한 조직에서는 실적과 능력주의에 의해 임용한다

건강한 조직에서는 임용 단계에서 실적주의와 능력주의 원리가 적용되어 직원을 신규임용하거나 승진임용한다.

건강한 조직에서는 직원들이 자격과 능력에 따라 신규채용되거나 승진임용된다. 임용을 위한 경쟁 제도가 구비되어 있으며 이것이 잘 적용된다. 또한 건강한 조직에서는 승진의 한계가 없으며 상위직에 가장 적합한 자가 승진한다. 또한 전직과 전보를 하는 데는 적재적소 원리가 적용된다. 임용이나 승진 등 인사 과정에서 성, 나이, 학력, 출신, 그리고 인종에 따라 차별받지 않는다. 때로는 소수자이기 때문에 상대적으로 인사상 이익을 보기도 한다.

이러한 실적주의와 능력주의가 계속 적용되면 조직에는 가장 유능하고 의욕이 넘치며 조직에 기여도가 높은 사람들이 남게 된다. 모든 사람이 인사 과정에 대해 공정한 기대를 하게 되며 동기가 부여된다. 건강한 조직에서는 조직이 전체적으로 활력이 있다.

병든 조직에서는 연고나 배경에 따라 임용된다

병든 조직에서는 실적주의가 적용되지 않는다. 사적 연고나 특정한 사회적 배경에 따라 신규임용된다. 병든 조직에서는 신규채용할 때 정실주의(favoritism)나 엽관주의(spoils system)가 지배한다. 기업에서 사장의 친인척이라는 이유만으로 채용되거나 정부 조직에서 집권 정당 출신이라는 이유만으로 공직에 취임한다면 그것은 조직이 건강하지 않다는 증거이다.

병든 조직에서는 능력이나 실적, 자격보다는 사적 관계, 인연, 그리고 거래에 의해 승진하는 경우가 많다. 인사권자와의 사적 관계나 근무 인연에 따라 승진이 좌우된다면 우수한 사람이 남아 있기 힘들다. 더구나 승진의 대가로 돈이나 금품이 수수된다면 승진의 질서는 파괴되며 인사 비리가 또 다른 부정과 부패의 온상이 된다.

한편 병든 조직에서는 개인의 사회적 배경에 따라 승진의 한계가 있다. 즉 여성이기 때문에, 소수자이기 때문에, 학력 때문에 또는 피부색 때문에 승진의 벽인 유리 천장에 도달하여 막힐 수 있다.[1)]

병든 조직에서는 유능한 자보다는 무능한 자가 승진하여 악화(惡貨)가 양화(良貨)를 구축하는 경향이 있다. 보직관리도 불합리하여 구성원 간에 갈등이 심하다. 따라서 조직에 필요한 자는 퇴출하고 문제아가 많이 남아 있기도 한다. 결과적으

---

1) 예컨대 우리나라에서는 그동안 여성이기 때문에 정부 고위직인 고위공무원단, 기업 고위직인 이사직에 많이 진출하지 못했으나 최근에는 LG에서 여성 임원이 6명이 되는 등 그 벽이 조금씩 허물어지고 있다.

로 조직이 활력을 잃게 되며, 무능해지고 경쟁력이 떨어진다.

임용의 합리화 방안

임용이 효과적이려면 관련 인사 제도가 합리적으로 마련되고 이것이 효율적으로 적용되어야 한다. 신규채용과 승진임용 제도는 적격자를 선발할 수 있도록 능력, 실적 등을 평가하고 활용할 수 있어야 한다. 승진임용 시에는 내부직위공모제(Job Posting System) 등을 활용하여 누구든지 공평한 정보를 공유하고 직원들이 선택권을 보장한다.

또한 인사 제도가 아무리 합리적으로 마련되어 있다 하더라도 인사권자가 이를 악용할 수 있으므로 인사 행위에 대한 최고관리자나 인사권자의 합리적 행위가 요청된다. 이를 위해서는 인사에 대한 책임을 물을 수 있는 외부 통제장치가 마련되어야 한다. 정부에서는 국회나 감사원 등에 의한 인사통제가, 그리고 기업에서는 사외이사제에 의한 인사통제가 작동해야 한다.

질병 인사관리의 암

'인사관리의 암'이란 병든 조직에서는 유능한 자보다는 무능한 자가 임용(승진 또는 보직)되어 악화가 양화를 구축하는 경향을 의미한다. 비어 있는 자리에 적절한 능력과 자격을 갖춘 자보다는 이해 관계나 정치적 술수에 능한 자가 먼저 보직을 차지하는 경우가 왕왕 있다. 유능한 자들보다는 무능한 자들이 집단을 이루어 세력을 형성하게 되면 장기적으로 조직에 정말 필요한 자는 퇴출하고 덜 필요하거나 문제아가 많이 남아 있게 된다.

또한 조직에 균형적인 사고나 행동이 요구되는 경우에 특정 이념, 학력, 지역, 그리고 신분 등에 따라 인력의 분포가 결정되고 이런 현상이 악화되는 경우가 있는데, 이렇게 되면 소수자들의 의견이나 이해 관계가 정당함에도 불구하고 반영되지 않고 결국 다수자들만의 무대로 변질된다.

결과적으로 무능한 인력이 많아지면 조직이 활력과 방향을 잃게 되고 무력해지며, 인재를 균형감 있게 임용하지 않으면 이상체질이 되는 등 전체로서 경쟁력이 떨어져서 결국 조직이 약화되고 멸망하게 된다.

인사관리의 암을 고치기 위해서는 인사권자가 항상 조직의 목표와 기능에 적합하도록 인사를 관리하고 공정성과 균형성에 입각하여 임용할 수 있는 제도를 마련하여 운영하는 노력이 요구된다. 특히 인사의 암적 요소를 색출하여 배제함으로써 조직이 전체적으로 감염되지 않도록 해야 한다.

4 인재의 육성과 활용

> 건강한 조직에서는 인재를 육성하며 인적 자원이 효율적으로 활용되나 병든 조직에서는 인재를 육성하지 않고 인적 자원이 남용되거나 불용된다.

인적 자원의 활용과 개발의 의의

인적 자원의 획득 못지않게 중요한 단계가 인적 자원의 배분, 활용 및 개발이다. 직원이 하나의 조직에서 근무하는 기간은 보통 10년 이상이며 장기 근속하는 직원들은 20년 혹은 30년 이상을 근무하기 때문이다.

최초로 직원이 임용되면 직원들은 조직의 부서와 업무 단위별로 업무를 할당받아 근무한다. 이때 배분이란 부서별·직위별로 업무를 할당받는 활동을 말한다. 인적 자원의 활용이란 조직에 주어진 직원들을 업무를 수행하게 하여 조직의 목표를 달성하는 것을 말한다. 인적 자원의 개발이란 조직의 목표에 부합하도록 인적 자원의 능력을 개발하는 활동을 말한다. 인적 자원 개발은 인재 육성을 위한 교육 훈련이나 경력관리 등과 관련이 있다.

건강한 조직에서는 인적 자원을 활용하고 개발한다

건강한 조직에서는 적재적소의 원칙이 적용되고 인적 자원이 효율적으로 활용된다. 능력과 적성 등이 최대한 반영되어 보직된다. 그리고 업무는 부서별·개인별·성별로 대체로 균등하게 분담되기 때문에 직장에서 놀며 봉급을 받는 사람을 발견하기 어렵다.

건강한 조직에서는 능력 개발이나 경력 발전을 위해 승진, 교육 훈련, 경력계획 등을 적절히 활용한다. 이에 따라 조직구성원은 자신이 직장에서 어떻게 자기를 성장시키고 관리해야 할지 알고 있다.

조직은 직원에 대한 교육 투자만이 미래의 조직 경쟁력의 원천으로 보고 교육 훈련에 대한 투자를 많이 하며 성장 단계별로 교육 훈련을 실시한다.

병든 조직에서는 인적 자원을 낭비하고 개발하지 않는다

병든 조직에서는 적재적소의 원칙이 적용되지 않고 인력이 효율적으로 활용되지 아니한다. 일을 많이 하는 사람과 일하지 않는 사람이 공존한다. 즉 조직 내에는 야근을 많이 하는 사람과 빈둥빈둥 노는 사람이 공존한다. 신분의 차이에 따라 업무 분담이 지나치게 차이가 있다면 그 조직은 건강하지 못하다.

병든 조직에서는 조직이나 개인 차원에서 능력 개발을 위해 별로 노력하지 않는다. 직원에 대한 교육 훈련을 소비적 행위로 보며 교육 훈련과 보직은 별개로 운영된다. 조직구성원을 꿈도 없고 의지도 없는 꿀벌처럼 생각하여 지나치게 일만 시키는 경우도 있다. 따라서 직원은 조직에서 자신이 나아가야 할 방향을 상실하고 능력 개발을 게을리하게 된다.

병든 조직에서는 인재, 인적 자원의 중요성을 경시한다. 그리고 인재에 대한 신뢰성이 낮다. 조직을 단기적 시각에서 관리하다 보면 인재의 중요성을 망각하기 쉽다.

인적 자원의 활용과 개발의 효율화 방안

인적 자원의 활용과 개발을 위해서는 먼저 인적 자원 관리의 중요성을 인식하고 이를 전담하는 기관을 만들어야 한다. 다음으로 인적 자원을 활용하려면 적재적소의 원칙이 적용되도록 인사관리를 해야 하며, 인적 자원에 대한 경력개발계획을 적용하여 개인별로 능력 개발을 시키도록 해야 한다.

경력 개발과 관련해서는 경력탄력성의 원리가 적용되어야 한다. 이 프로그램은 직원 자신이 자신에게 가장 적합한 직무 유형이 무엇인지 알 수 있도록 그들에게 기술, 흥미, 가치, 기질을 정기적으로 평가하도록 도와 주는 시스템이다.

질병 인재성장정지증

조직에서 구성원이 중요한 인력자원으로 인식되지 않고 그저 소모품으로, 가치가 없는 자원으로 인식되어 그들에 대한 개발과 성장이 이루어지지 않는 현상을 '인재성장정지증'이라 한다.

인재 성장의 정지는 조직에서 인적 자원과 그 성장에 대한 인식의 결여에서 비롯된다. 인간은 누구나 장점과 단점이 공존한다. 장점을 확인하고 이를 칭찬하여 숨겨진 잠재 능력을 개발하도록 해야 한다. 사람은 그저 소모품이 아니다. 생명이 있고 생각할 줄 아는 인간이다. 능력이 많은 사람만을 채용해서 활용할 수 있는 조직은 그렇게 많지 않다. 따라서 조직에 들어온 인적 자원이 무엇보다 가치 있는 자원이라는 것을 인식하는 것이다.

단기적으로는 인재가 성장하지 않아도 조직에 큰 문제가 되지 않으나 장기적으로는 인재의 성장이 없으면 조직은 조금씩 퇴화되어 간다. 개인에 대한 교육 훈련을 투자로 보지 않고 소비적 행위로 보는 것은 지나치게 단기적인 시각이다.

인재성장정지증을 해결하기 위해서는 조직이 확대되고 성장할 때를 대비해 거기에 부합한 인재를 미리미리 양성해야 한다. 따라서 인재의 단계적 육성이 요구된다. 우선 인적 자원에 대해 부정적 인식에서 긍정적 인식으로 전환이 요구된다. 또한 인재 성장에 필요한 제도를 구비하고 이를 운영해야 한다. 그렇기 위해서는 인재의 성장 여부를 주기적으로 검사해야 한다. 직원의 잠재력을 개발하기 위해 교육 훈련을 시키고 휴식 기간을 제공하며, 창의적인 활동을 자극하는 것은 개인의 성장과 발전은 물론 조직의 성장과 발전에도 필요한 활동이다.

제 2 절 재정자원 관리 체제의 최적 상태

1 재원의 획득과 동원

건강한 조직에서는 재정건전도가 높으나 병든 조직에서는 그것이 낮다.

재정 상태와 건전성

재원은 조직이 활동을 하는 데 필수적인 자원이다. 재정 상태가 건전한가의 문제는 조직 건강의 핵심적 사안이다.

일반적으로 조직에서는 필요한 재원 수요만큼 재원이 획득되면 즉 수입과 지출이 적절하게 균형을 맞추면 건강하다고 볼 수 있다. 그런데 조직이 성장하려면 경비 지출보다는 수입이 더 많아야 한다. 현재는 물론 미래의 재무 흐름도 중요하다. 즉 현재보다는 미래를 위한 투자가 많아야 한다. 재원과 경비 지출의 구성은 재정건전성을 살펴볼 수 있는 지표이다.

조직의 종류나 형태에 따라 재원의 충당, 획득, 관리 방법이 매우 다르다. 기업 조직은 주로 주식을 발행하여 자금을 조달하며 기타 사채를 발행하기도 한다. 정부 조직은 주로 세금으로 재원을 충당하며 부차적으로 재정 차관, 국채나 지방채를 발행하고 복권을 발행하기도 하며 사용료나 수수료를 걷기도 한다. 시민사회 조직은 회원들의 회비나 사용료 등으로 재원을 충당한다. 그리고 교회나 사찰은 신자들의 헌금을 주된 재원으로 한다.

건강한 조직에서는 재정건전성이 높다

건강한 조직은 경비의 지출보다 수입이 많다. 기업에서는 사업이 잘 되면 수익이 올라간다. 흑자기업이 일단 건강한 조직이라 할 수 있다. 적어도 적자를 보지 않으면 건강한 조직이라 할 수 있다. 정부조직에서는 수입과 지출이 균형을 맞추면 건강하다고 본다.

건강한 조직에서는 재원을 획득하고 동원할 때 합법적이고 합리적인 방법을 사용하며, 이때 충분한 자금이 확보된다. 즉 기업에서는 주식 발행이 순조롭고, 정부에서는 예산 획득이 순조로우며, 그리고 시민사회 조직에서는 회원들의 회비 납부 실적이 양호하다.

재원의 획득이 잘 되는 이유는 재원의 동원과 획득의 체제가 잘 구비되어 있기 때문이다. 재원 획득 체제는 반드시 한 가지일 필요는 없으며 여러 가지 보완적인 재원 동원 방법이 있다.

건강한 조직에서는 중장기적으로도 재원 획득 전망이 밝다. 즉 미래를 위한 투자 전망이 밝다. 경비의 지출은 소모성 경비보다는 투자성 경비 지출의 비중이 높을 때 미래는 좀 더 전망이 좋게 된다.

병든 조직에서는 재정건전성이 낮다

병든 조직에서는 수입보다는 지출이 너무 많다. 재원 동원 체제가 구비되어 있지 않거나 있더라도 기능을 발휘하지 못한다. 재원을 동원할 때 불법적이고 비합리적이며 불충분하다.

병든 조직은 만성 적자투성이다. 기업의 경우 보통 부채의존도가 심화되면 부실해지고 결국 도산하기도 한다. 그런데 조직이 단기적인 부채가 많다고 하여 반드시 병든 것은 아니며, 악성 부채가 많을 때 건강하지 않은 것이다. 하여튼 부채를 갚지 못하면 조직은 사망 신고를 내고 청산해야 한다.

기업에서 사업을 무리하게 확장하다가 기업이 보유하고 있는 여유자금을 고갈시켜 부채의존도가 높아지는 경우를 발견할 수 있다. 지방자치단체도 국고보조금이나 지방세 등에서 재정 조달을 하게 되는데 지방채의 발행 등 채무 부담이 극심하면 건강한 조직이라 할 수 없고, 이 상태가 계속되면 자치단체는 파산 신고를 해야 한다. 자치단체의 무리한 재정 차입이나 사업 확대가 재정건전성을 해치는 주범이다.

재정 건전성 제고 방안

재정건전성을 높이려면 자금 조달에서는 건전한 방법으로 안정성 있게 재원이 조달되어야 하며, 단기적인 것보다는 장기적 예측에 따라 재원이 조절되고 관리되어야 한다.

기업 조직에서는 특히 재정구조에서 악성 부채를 줄이는 것이 중요하다. 또한 현금의 유입액과 유출의 관계에서 현금의 유입이 부족하므로 현금의 유동성을 충분히 확보해야 한다. 정부에서는 무리한 사업 확장을 통제할 수 있는 체제의 정비가 요구된다. 경제적 파급 영향이 큰 기업들이 재정건전성이 나쁠 때 업계 자체적으로 혹은 정부 차원에서 구조조정을 할 수 있다.

질병 자금조달병

자금조달병이란 조직이 활동을 하려면 충분한 자금 조달이 필요한데 자금 조달이나 획득이 충분하지 못하거나 거의 불가능한 상태에 있는 상태를 말한다. 1회나 잠시 동안의 자금 조달이 어려워 조직의 활동에 어려움을 주기도 하나 수차례에 걸쳐, 집중적으로 자금 조달이 어렵게 되면 조직의 생존이 곤란해진다.

주식시장에서 상장회사의 위치에서 폐지되는 회사들은 재정건전성이나 재무건전성이 나쁜 회사들로서 자금조달병에 걸려 있다고 볼 수 있다.

자금조달병을 극복하기 위해서는 재무구조의 건전성을 높여야 하며 수익성 증가를 위한 노력을 해야 한다. 조직 내외부에서 구조조정 등의 조치를 통해 문제를 해결할 수는 있다.

사례 상장 폐지와 보험회사 구조조정

자금조달병에 걸려 있는 일부 회사가 상장이 폐지된 바 있다. 최근 상장 폐지 요건이 강화되면서 2010년 상반기에는 75개 회사가 상장 폐지 회사가 되었다. 그들은 상당히 빈번하게 자금을 조달하고 있었다. 예컨대 33년의 토종 패션의 의류업체인 톰보이는 지난 15일 최종 부도가 나면서 상장 폐지되었는데 부도 직전에 BW(신주인수권부 사채) 발행 4번, 유상증

자 2번 등 총 6번의 자금 조달을 시도했다. 그러나 그때마다 자금 조달은 쉽지 않았고 어음 16억 8,800여만 원을 막지 못해 부도가 났다. 샤인시스템, 보홍, 제로원인터랙티브 역시 3차례 이상의 자금 조달을 시도했으나 실패했다.

출처: 조선경제, 2010. 7. 20 B7면

금융감독위원회는 IMF 이후인 1998년 3월 말 기준으로 지급 여력이 지급 여력 기준에 미달하거나 자산의 건전성이 악화되어 채무가 자산을 초과할 우려가 있다고 판단되는 보험회사들에 대해 자산 및 부채의 실사를 거쳐 민간 전문가들로 구성된 경영평가위원회가 경영정상화계획의 실현가능성을 평가했다. 이런 평가 결과를 바탕으로 1998년 8월 11일 채무가 자산을 초과하고, 급격한 수입보험료 감소로 유동성이 악화되어 외부 자금 지원이나 별도의 차입 없이는 보험 지급이 어려우며, 자산과 채무의 구조를 보아 영업을 계속할수록 경영이 어려운 것으로 판단된 4개 생명보험회사(국제, BYC, 태양, 고려)를 '금융산업의 구조 개선에 관한 법률' 제2조 제3항의 적용을 받아 부실 금융기관으로 결정하고 영업 정지 등의 처분을 내렸다.

출처: 재정경제부 금융감독위원회(2000: 104).

---

2 재원의 배분

> 건강한 조직은 재원을 합리적으로 배분하나 병든 조직은 그렇지 아니하다.

재원 배분의 의의

조직에서 매년 혹은 중장기적으로 활용할 수 있는 자금(예산)이나 금전자원은 한정되어 있다. 조직은 목표를 달성하거나 기능을 수행하기 위해 할 일이 매우 많으며 하고 싶은 일도 많다. 이를 뒷받침하기 위해서는 적절한 자금, 즉 재원의 배분이 요구된다. 재원의 집행을 위해 어느 분야에 얼마를 할당할 것인가의 문제이다.

재원 배분은 경제적 합리성과 정치적 합리성으로 평가할 수 있다. 경제적 합리성은 예산사업계획의 비용편익분석에 의해 우선순위에 따라 예산을 배분한다. 정치적 합리성은 이해관계자 간의 타협과 조정에 의해 예산을 배분한다. 경제적 합리성, 즉 바람직한 부분에 대한 예산의 배분과 정치적 합리성, 즉 이해관계자의 만족이라는 현실적 만족성을 어떻게 조화시키는가에 따라 예산의 합리적 배분이 이루어진다.

건강한 조직에서는 경제적 합리성과 정치적 합리성이 고르게 충족되어 결정된다. 조직의 형태에 따라, 정부 조직인가 기업 조직인가에 따라 특정 합리성이 더 우선될 수 있으므로 합리성의 우선순위를 결정할 때는 상황적합적으로 판단해야 한다.

건강한 조직에서 예산은 합리적으로 배분된다

건강한 조직에서는 예산(자금) 배분에 관해 경제적 합리성이 높다. 자금이나 예산이 정책이나 사업계획의 우선순위에 따라서, 기능별·사업별·부서별로 적절하게 배분된다. 때로는 기능별 예산 간의 균형이 요구될 때가 있다. 건설 예산과 유지 예산이 서로 보완적으로 자금이 배분되고 결정된다. 조직의 전략에 바탕을 두어 장기적 계획에 따라 예산을 편성한다.

또한 건강한 조직에서는 예산 배분에서 정치적 합리성이 높다. 조직에는 다양한 이해관계자가 있는데 이들의 이해를 잘 조정하여 예산계획이 작성된다. 즉 부서 간·기능 간 이해관계자의 조정과 타협에 의해 결정되기도 한다.

건강한 조직에서는 경제적 합리성과 정치적 합리성이 고르게 충족되어 결정된다. 특히 정부 조직 등 공공 조직에서는 정치적 합리성이 우선되며 기업 조직에서는 경제적 합리성이 우선된다.

병든 조직에서 예산은 비합리적으로 배분된다

병든 조직에서는 무계획적이며 선례답습적으로 예산이 배분된다. 사업계획의 우선순위가 없을 때 계획에 따른 예산의 배분이 이루어질 수 없다. 조직환경이 변화하고 정책이나 계획의 중점이 변했음에도 불구하고 전년도 예산에 따라 다음 연도 예산을 선례답습형으로 편성하거나 작성한다면 조직의 새로운 기능을 수행할 수 없고, 더구나 변화된 목표 달성은 불가능해지기 때문이다.

병든 조직에서는 예산 배분에서 정치적 합리성이 낮다. 예산 쟁탈전에서는 기관과 부서의 힘이 강한 기관이 예산을 많이 확보하는 경향이 있다. 조직의 주요 이해관계자들에 대한 고려가 별로 이루어지지 않는다.

예산이 비합리적으로 편성되면 사업의 효율성이 낮아지고 고객의 불만과 조직에 대한 불신을 초래한다.

합리적인 예산 배분 방안

예산 배분을 합리적으로 하려면 재무 및 예산 체제의 개선과 재무나 예산관리의 개선이 요구된다. 재무 및 예산 체제의 개선 방법으로는 계획과 예산이 연계될 수 있는 예산 제도, 즉 계획예산제도, 영기준예산제도 등 합리적 배분을 위한 예산 제도의 도입을 들 수 있다.

재무 및 예산관리의 개선을 위해서는 이들 예산 제도가 효과를 발휘할 수 있도록 예산을 편성할 때 사업에 대한 과학적이고 객관적인 분석이 요구된다. 최고관리자는 예산 배분의 결정을 최대한 합리적으로 하며 결산의 결과를 예산 의사결정 단계에서 반영해야 한다.

질병 재정경직성과 경직성 경비

재정경직성이란 재정의 대부분이 경직성 경비로 지출됨으로써 재정 자체가 탄력성을 잃고 원래의 기능을 충분히 발휘하지 못하게 되는 현상을 말한다. 특히 국가의 예산 중 법률과 제도에 의해 지출이 의무화되어 있는 경비를 경직성 경비라 한다. 이와 유사하게 기업에서는 사업 예산보다 운영 예산이 지나치게 많거나 초기 구입비보다 후속 운영유지비가 지나치게 많은 경우이다.

재정경직성의 원인은 정치적·사회적 공약을 법률 등으로 지출을 강제화하기 때문이다. 강제화는 수년을 두고 각기 다른 제도나 법률로서 나타나는 것이기 때문에 단년도(1회계연도)에는 어떻게 할 수 없다. 또한 봉급 등 인건비는 조직 운영비로서 그 규모를 줄이지 않는 한 축소하기 어려운 경비이다. 경직성 경비가 많아지면 정책적 의사를 지닌 경비를 신규로 계상할 여지가 적어진다. 그 결과 ① 국민의 요망에 호응한 새로운 정책을 수립하지 못하게 되며, ② 재원이 부족하여 예산을 편성하지 못하게 되고 ③ 경기 동향에 즉응하여 재정 규모를 자유자재로 신축할 수 없게 되는 등의 경직화 현상을 보인다.

재정경직성을 해소하기 위해서는 경비나 사업비 분석을 통해 경직성 경비가 지나치게 많아진 경우 이미 지출중인 경비들에 대한 재검토와 평가가 요구되며, 이에 따라 경비 지출을 축소하고 나아가 인력구조를 정비해야 한다.

3 재원의 활용

건강한 조직에서는 예산이 효율적·합법적으로 활용되나 병든 조직에서는 예산이 낭비되거나 비효율적·불법적으로 사용된다.

예산 집행의 의의

예산 집행이란 조직이 수입과 지출을 실행하는 모든 행위를 말한다. 그런데 조직 형태나 유형에 따라서 예산 집행의 효율성과 합법성 등의 판단 기준이 다르다. 기업 조직에서는 예산 집행의 효율성이, 정부 조직에서는 예산 집행의 합법성이 더욱 강조된다.

예산을 편성계획에 따라 원안대로 집행하는 것이 정상적이나 대체로 1년 전에 예산을 편성하므로 1년 후 예산을 집행할 때 상황의 변경이 있을 수 있다. 따라서 이에 대응하여 집행하는 것이 효율적이다.

기업의 경우 현금의 적정한 흐름을 고려한다. 현금의 유입액(예: 매출채권 회수+현금 판매)과 유출(매입채무 지급, 현금 매입, 임금 등 비용, 이자, 세금)의 관계에 관한 재무계획이 요구된다. 현재는 물론 미래의 재무 흐름도 중요하다.

건강한 조직에서는 예산 집행이 적절하다

건강한 조직에서는 예산안에 따라 예산 편성 의도를 구현하여 집행하며, 예산 집행 단계에서 상황의 변화가 있을 때 융통성 있게 예산을 지출하는 것이 관례이다.

예산 집행을 통제하려면 시간적으로 분기별 또는 월별로 예산의 지출을 통제할 수 있으며, 예산 사용 단계에서 예산 과목간 융통하여 사용하는 것을 제한한다. 예컨대 해외연수 훈련비를 시설개선비로 집행할 수 없다. 이와 같은 통제를 통해 예산의 자의적인 집행이나 특정 시기에 과도한 또는 과소한 예산 집행을 하지 않도록 유도할 수 있다.

한편 건강한 조직에서는 예산 집행의 통제 범위 내에서도 예산을 신축적으로 사용한다. 예산의 이용과 전용, 계속비, 예비비 등이 그것이다. 또한 예산의 집행자에게 소관 책임의 사업예산이나 소액 예산에 대해서는 집행 권한이 위임되어 처리된다.

병든 조직에서 예산 집행은 부적절하고 불법적이다

병든 조직에서는 지나치게 예산 집행이 통제된다. 예산환경이 변화했음에도 불구하고 예산 집행을 잘못하여 예산을 많이 사용하지 못하거나 이월하여 사용하지 못하기도 한다. 예산 집행 권한이 상부에 집중되고 하부에 위임되지 않아 예산 사용이 지나치게 통제되는 경우도 있다.

계약 등을 잘못하여 터무니없이 많은 경비를 부담하는 경우도 있다. 이는 특히 해외 계약에서 많이 일어나는 현상으로 계약 능력의 부족이나 정보 부족 때문에 일어난다. 기업의 경우 현금 유동성이 부족한 경우도 있다. 현금의 유입액과 유출 관계에서 현금의 유입이 부족하다.

병든 조직에서는 예산이 불법적으로 사용되어 횡령되거나, 재량의 수준을 초과하여 예산을 사용하는 경우가 많다. 예산을 목적 외로 사용하는 경우가 비일비재하다. 이때 공금 횡령 등 회계 부정 현상이 발생한다.

예산 집행의 효율화 방안

조직에서 예산 집행을 효율적으로 통제하기 위해서는 계약의 방법과 절차를 구비하며, 수입과 지출에 관한 기록과 보고제도를 체계화하고 회계결산 체제를 통해 감독을 철저히 한다. 한편 집행의 신축성을 보장하기 위해서는 총괄예산제도,

목간 이용과 전용, 예산이체, 예산이월, 계속비 제도, 예비비 제도, 수시배정 제도, 긴급재정 제도 등을 구비한다. 그리고 제도의 실행을 위해 예산관리를 잘해야 한다.

사례 회계 부정과 분식회계

회계 부정이란 조직의 예산 집행 결과에 대한 기록을 개인이나 조직의 이익을 위해 고의적으로 변경하는 행위이며, 회계 부정의 대표적 사례로서 분식회계[2]를 들 수 있다. 분식회계는 회사의 회계정보를 허위로 작성하는 것으로 재무제표를 허위 기재한 것으로는 매출 과다 계상, 고정 자산 과대 계상, 차입금 등 부채 누락 등이다.

이처럼 회계 부정을 시도하는 것은 합법적인 방법이 아닌 여타 방법으로 개인이나 조직의 이익을 증가하고 손해를 줄이려는 것이다. 특히 분식회계를 하는 이유는 세금을 적게 내거나 대출을 많이 받으려 하기 때문이다.

회계 부정을 막기 위해서는 회계 담당자의 책임 강조, 조직 내외의 회계 감사기구의 확립, 특히 외부 감사기구의 감사가 요구되며, 그 다음으로는 법적으로 제재를 가하는 것이다.

---

2) 분식회계에 대한 법원의 재판 사례는 다음과 같다. 서울중앙법원 민사합의 2부(박창헌 부장판사)는 2004년 11월 24일 ○○자동차가 분식회계에 따른 대출로 손해를 보았다며 우리은행이 ○○○ 전 ○○○○ 회장 등 ○○○○○ 자동차 임직원 5명을 상대로 낸 손해배상 소송에서 피고들은 연대해서 60억 8천 여 만원을 배상하라고 판결했다. 재판부는 판결문에서 피고인들은 허위로 재무제표를 작성하는 등 분식회계를 저질러 우리은행으로부터 4백억 원을 대출받았다며 이사로부터의 업무를 제대로 수행하지 않은 만큼 은행이 입은 손해를 배상할 책임이 있다고 밝혔다.

제 3 절 물자시설자원 관리 체제의 최적 상태

1 물자의 획득

건강한 조직에서는 물자시설의 획득이 적절하고 안정적이나 병든 조직에서는 그것이 부적절하고 불안정하다.

물자시설 획득의 의의

물자시설은 조직이 활동을 하는 데 필수적인 자원 중 하나이다. 그런데 여기서는 이들을 '물자'로 통일하여 사용한다. 그런데 조직의 종류나 형태에 따라 물자의 충당, 획득, 관리 방법이 매우 다르다.

제조업에서는 물자를 원료로 하여 생산을 하는 기업이 대부분이므로 물자관리의 비중이 매우 높으나 서비스업에서는 조직의 형태가 정부이건 기업이건 간에 물자관리의 비중이 상대적으로 낮다.

조직의 물자 획득 관리에 요구되는 주요 평가 기준은 안정성과 적절성이다.

건강한 조직에서는 물자시설 획득이 적절하고 안정적이다

건강한 조직에서는 합법적이고 합리적인 방법으로 물자를 획득하고 구매한다. 따라서 필요한 시기에 필요한 양만큼, 적절한 가격으로 구입한다.

건강한 조직에서는 물자의 획득과 구매가 안정적이다. 또한 물자 구입선이 확보되어 있어 중장기적으로도 물자의 획득은 순조로울 것으로 전망된다.

건강한 조직에서는 물자의 획득과 구매 체제가 잘 구비되어 있다. 물자 획득 체제는 반드시 한 가지일 필요는 없다. 여러 가지 보완적인 물자 획득 및 구매 방법이 있다.

건강한 조직에서는 물자를 선별할 수 있는 전문성과 능력이 있다. 물자의 질은 각양각색이며, 수준의 차이도 크기 때문에 전문인력을 임용한 후 보직하여 좋은 물자를 선별해야 한다. 건강한 조직은 조직이 보유하고 있는 자금으로 기능 수행에 부합한 물자를 구입한다.

병든 조직에서는 물자 획득이 부적절하고 불안정하다

병든 조직에서는 물자를 획득하고 구매할 때 불법적이고 비합리적이며 불충분하다. 따라서 적시에 적량을 구매하지 못하는 경우가 허다하다. 물건이 없어 비싸게 구입하거나 불필요하게 많은 양을 구입한다.

병든 조직에서는 물자의 획득 및 구매 체제가 구비되어 있지 않거나 그것이 있더라도 기능을 발휘하지 못한다. 병든 조직에는 물자의 질을 선별할 수 있는 전문성과 능력이 부족하다. 물자관리, 구매관리, 계약관리 등의 전문가가 없어서 물자 구매의 적합성이 떨어진다.

병든 조직에서는 물자의 안정적 공급이 제한된다. 물자 구입선이 다변화되어 있지 못해 경제 상황이나 거래선의 상황이 바뀌면 물자의 구입 물량이 달라지거나 비싼 가격으로 물량을 구입해야 한다.

물자의 획득이 적절하지 못하고 불안정할 때 조직에 예산 부담을 가중시키며 업무 수행을 곤란하게 한다.

물자 획득의 효율화 방안

물자 획득을 잘하려면 물자 조달에서는 건전한 방법으로 안정성 있게 물자가 조달되어야 하며, 단기적인 것보다는 장기적 예측에 따라 물자가 조절되고 관리되어야 한다.

이를 위해서는 물자 획득 체제를 정비하고 물자관리 전문가를 활용하는 인사관리가 뒷받침되어야 한다. 거래처를 다변화하여 안정성 있게 구입되어야 한다. 지금은 국제화 시대이므로 수입처를 국외로까지 다변화하고 국제 물품 거래에 관한 데이터베이스(DB) 등 정보 체제를 구축해야 한다.

질병 특정물자고집병

물자는 기능이나 여건에 적합한 것을 구입하는 것이 바람직하다. 그런데 물자를 단순히 그것이 크다고 구입하거나 호화스러운 것만을 구입하려는 경향이 있다. 또한 지나치게 싼 것만을 고집하는 경향도 있는데 이런 현상을 '특정물자고집병'이라 부른다.

크고 호화스러운 물자만을 고집하는 것은 개인이나 조직을 과시하려는 데서 비롯된다. 반면에 지나치게 싼 것만을 고집하는 경우는 물자에 대한 경시나 예산 확보 때문에 비롯된다.

시설이나 기능을 고려하지 않고 물자를 구입하게 되면 전체적으로 조화를 잃게 된다. 또한 호화로운 것만을 고집하게 되면 값이 매우 비싸 예산에 많은 부담을 준다. 반면에 지나치게 싼 것만을 고집하는 경우는 '싼 게 비지떡'이라는 말처럼 구입은 쉽지만 유지 비용이 많이 들거나 쉽게 폐기해야 하기 때문에 이것 역시 결코 바람직하지 않은 현상이다.

특정물자고집병을 해소하기 위해서는 조직의 기능을 먼저 설정한 후 이에 적합한 물자 구입 계획을 세워 실행한다. 그리고 물자 구입의 비용편익 분석을 실시하도록 한다.

2 물자의 활용

건강한 조직에서는 물자시설이 효율적으로 활용되나 병든 조직에서는 물자가 낭비되거나 비효율적으로 사용된다.

물자시설 활용의 의의

조직에서 물자는 조직의 부서, 업무 단위 또는 개인별로 할당되어 이용하거나 물자창고 등에 일괄적으로 보관되어 있다가 필요한 시기에 출고되어 이용된다. 어느 정도 보관하여 이용할 것인가는 재고관리의 문제이다. 다만 시설의 경우에는 대부분 고정되어 있으며 이는 이미 설치되어 활용된다는 점에서 일반적 물자관리와는 구분된다.

물자의 활용을 평가하는 기준은 물자 자체의 특성이나 조직의 형태나 유형에 따라서 효율성 등의 판단 기준이 다르다.

건강한 조직에서는 물자시설이 잘 활용된다

건강한 조직에서는 물자시설이 효율적으로 이용된다. 건강한 조직에서는 물자의 특성과 종류 등을 최대한 반영하여 적재적소·적량의 원칙이 적용되고 배분되며 활용된다.

건강한 조직에서는 물자의 분류가 잘 되어 있고 물자의 가치에 따라 활용된다. 물자는 개별적으로 고가의 물자도 있고 귀중하게 다루어야 할 물자도 있다. 물자의 가치에 따라 물자의 관리 방법이나 우선순위가 달라진다.

건강한 조직에서는 물자나 시설의 내구 연한이나 수명에 따라 물자를 관리한다. 물자를 보존하면서 활용하기 위해 관리와 점검 등을 적절히 활용한다. 그리고 일정한 기간이 지나면 폐기한다.

건강한 조직에서는 재고관리를 잘 활용한다. 물자의 양이나 속성에 따라 관리하는데, 물자의 종류에 따라 적정량이 보관되어 있어야 한다. 식품 등은 위생이나 신선도 때문에 보관 기간이 매우 짧고 안전에 유의한다.

병든 조직에서는 물자시설이 낭비된다

병든 조직에서는 물자를 비효율적으로 사용하거나 낭비한다. 병든 조직에서는 적재적소·적량의 원칙이 적용되지 않는다. 꼭 필요할 때 물자시설이 없는 경우가 많다.

병든 조직에서는 물자시설이 효율적으로 배분되어 활용되지 아니한다. 그리고 물자시설을 그 가치에 따라 관리하지 않는다. 값비싼 물자를 소홀히 관리하거나 값싼 물자를 너무 중시하기도 한다.

병든 조직에서는 재고관리를 위해 별로 노력하지 않는다. 보관창고에 무엇을, 얼마나, 언제까지 보관해야 적정한지 알려 하지 않는다. 즉 수익성과 보관의 경비를 따지지 않는다.

이처럼 물자시설을 낭비하는 이유는 물자시설의 공급이 너무 많아 경시하거나 그들을 자신의 것이 아니라 조직의 소유물이라고 생각하기 때문이다. 물자시설을 활용할 수 있는 유인 체제나 관리 체제가 없기 때문일 수도 있다.

물자시설이 낭비되면 이들에 대한 구입 비용이 추가적으로 소요된다. 비효율적으로 활용되면 일시적으로 업무 중단을 가져올 수 있다.

물자 이용의 효율화 방안

물자를 효율적으로 이용하기 위해서는 먼저 물자관리의 중요성을 인식하고 이를 전담하는 기관을 만들어야 한다. 다음으로 물자를 활용하려면 적재적소의 원칙이 적용되도록 물자 분류 체제 구축, 물자에 대한 개별 관리계획과 시설 점검, 재고관리 등을 실시해야 한다. 또한 물자사고와 관련하여 개인 책임제 등의 방법을 도입한다.

질병 공물사유병

'공물사유병'이란 직장의 물건을 자기 물건으로 간주하고 이를 사용하는 것을 말한다. 이것은 공공의 물자와 소유에 대한 인식이 매우 잘못되었다는 것을 보여 준다.

공물사유병의 원인은 물자에 대한 소유 관념과 관리 관념을 구분하지 못한데서 비롯된다. 공공의 물건은 회사나 공공기관

혹은 종교 조직의 물건이지 사용자의 물자가 아니다. 사람이 직장인이 되었건, 종교 조직의 신자가 되었건 간에 그들이 어떤 직책을 수행하는 동안 그들은 관리자일 뿐이다. 조직의 물자관리 체제가 작동되지 않고 있기 때문일 수도 있다.

공물사유병은 물자의 절약에 장애 요인이 된다. 이것은 공직 사유관과 맥락을 같이한다. 물자의 조직 외 유출을 가져올 수 있으므로 물자 비용이 증가하여 조직에 부담을 준다.

공물사유병을 치료하기 위해서는 물자를 사용할 때는 성실한 관리자로서 책임을 다하도록 교육해야 한다. 공과 사를 구분할 수 있도록 물자관리 점검 체계를 구축하여 관리해야 한다.

3 물자시설의 안전

> 건강한 조직에서는 물자시설의 안전도가 높으나 병든 조직에서는 물자시설의 안전도가 낮다.

물자시설 안전의 의의

조직에서 물자시설은 사람이나 자연환경에 위해를 가할 수 있다. 따라서 조직을 관리하는 데 물자시설이 중요한 자원이기는 하지만 일터에서 이들의 안전도(safety) 혹은 안전성을 확보하는 문제는 조직관리에서 매우 중요하다.

물자는 부품과 원자재를 포함한다. 시설은 특정한 지역이나 장소에 고정되어 있는 것이 보통이다. 대규모 공장 등의 시설, 사무실의 시설 등이 여기에 포함된다. 움직이는 시설, 즉 교통 수단(예: 비행기, 배와 차량)의 안전도 역시 중요해지고 있다.

물자시설의 안전도는 사람의 건강과 생명, 그리고 신체의 부상 등에 대한 안전도를 포함한다. 다만 식품의 안전성은 이를 먹거나 마셨을 때 인간의 건강에 미치는 정도 즉 위생 문제와 관련되어 있다.

물자시설의 안전도는 자연환경에 대한 안전도를 포함한다. 물자시설이 환경 및 자연생태계를 파괴하느냐의 문제이다. 그런데 특정 조직(예: 원자력발전소)은 근원적으로 자연 파괴적인 위험물질을 다루므로 그것 자체가 조직 건강이 나쁘다고는 볼 수 없다.

건강한 조직에서는 물자시설의 안전도가 높다

건강한 조직에서 물자시설은 조직구성원들의 건강에 해롭지 않으며, 고객들의 건강에도 위험스럽지 않고 자연환경을 해치지 않는다. 이들 조직에서는 인간 친화적이며 자연 친화적으로 물자시설을 사용한다.

물자시설의 안전도가 높은 조직에서는 이들에 대한 안전 의식이 매우 높고, 정기적인 관리 및 예방과 점검이 이루어지고 있으며, 안전을 담당하는 체제나 위험을 관리하는 체제가 마련되어 있다.

물자시설의 안전도가 높을 때 조직구성원들은 근무 중에 불안감 없이 업무에 집중할 수 있다. 그리고 안전도가 낮아 이를 치료하기 위해 들어가는 비용을 절약할 수 있다.

병든 조직에서는 물자시설의 안전도가 낮다

병든 조직에서는 물자시설의 안전도가 매우 낮다. 병든 조직에서는 물자시설 때문에 안전사고가 자주 일어난다. 예컨대 유해식품 등의 안전사고, 위험물질, 위험시설에서의 위험사고(전기 누전으로 인한 화재 등)를 방지하지 못해 크고 작은 사고가 많이 난다.

병든 조직에서 물자시설은 구성원들은 물론 고객의 건강에도 해로우며, 또한 자연환경에 유해하다. 특히 기계류, 철재 등 금속재와 화학제품은 인간의 생명과 건강에 위해를 가할 수 있다. 병든 조직에서는 인간 경시적이며 환경 파괴적으로 물자와 시설을 사용한다.

물자시설의 안전도가 낮은 조직에서는 이들에 대한 정기적인 관리, 예방과 점검이 이루어지지 않으며 안전과 위험을 담당하는 체제도 마련되어 있지 않다. 물자시설의 안전도가 낮을 때 조직구성원들은 근무 중에 불안하여 업무에 집중하기 어렵다. 조직에서 안전도가 낮으면 이를 치료하기 위해 들어가는 비용이 많다. 안전불감증이나 안전민감증 둘 다 문제이다.

물자시설의 안전도 향상 방안

안전한 일터를 만드는 것은 관리자가 해야 할 책무이다. 조직에서 물자시설의 안전도를 높이려면 안전 의식을 높여야 한다. 다음으로는 물자시설에 대한 안전 관리 체제를 갖추어야 한다. 그리고 물자시설에 대한 관리 등급을 결정한다. 위험도 1등급, 2등급, 3등급 등이 그것이다. 예컨대 자동차의 브레이크처럼 속도 제어 장치를 개발하여 부착한다. 그리고 물자시설의 안전사고와 관련하여 안전점검반을 운영하고 개인책임제, 팀책임제 등의 방법을 도입한다. 한편 안전민감증을 해소하기 위해서는 물자와 시설에 대한 이중보험의 방법 등을 강구한다.

특히 기계설비의 안전을 높이기 위해서는 풀 프루프(fool-proof)와 페일 세이프(fail safe) 시스템을 염두에 두어야 한다. 전자는 사람이 기계를 잘못 조작하더라도 사고로 연결되지 않게 하는 시스템이며, 후자는 기계설비에 이상이 있거나 조작을 잘못하더라도 안전 장치가 작동하여 사람에게 피해를 주지 않도록 하는 것이다.

질병 안전불감증과 안전민감증

'안전불감증'이란 조직에서 사람들이 안전 문제를 별로 중시하지 않는 현상으로 조직의 중요한 질병 중 하나이다. 이 현상은 안전 문제가 자주 발생하며 그로 인한 피해가 크지 않을 때 발생하기 쉽다. 조직인의 의식구조가 너무 낙관적일 때 자주 일어난다. 안전불감증은 대형 안전사고를 일으키게 할 가능성이 매우 높다. 안전불감증을 해소하려면 안전에 관한 제도적 개선과 안전에 대한 경각심을 높이는 등 교육 훈련을 병행해야 한다.

'안전민감증'은 조직에서 안전 문제에 지나치게 많은 관심을 보이는 것으로 이것 역시 조직의 질병이다. 안전민감증은 조직인이 안전 문제에 대해 지나치게 민감한 성격일 때나, 조직에서 안전사고가 잦아 늘 경각심을 갖고 있을 때 일어나기 쉽다. 그런데 지나친 안전민감증으로 인해 너무 많은 관리 비용을 지불하게 된다. 따라서 안전사고의 유형이나 정도에 대한 자료 축적을 통해 안전사고에 적절히 대응해야 한다.

제 4 절 지식정보자원 관리 체제의 최적 상태

1 지식정보의 충분성

건강한 조직에서는 좋은 지식정보가 충분하나 병든 조직에서는 그것이 부족하다.

지식정보의 의의

지식정보 사회에서는 정보뿐만이 아니라 지식의 중요성이 부각되고 있다. 조직을 운영하고 관리하는 과정에서 의사결정을 하고 의사소통을 하게 되는데, 이때 정보와 지식이 전달된다.

보통 자료(데이터)에서 정보로, 정보에서 지식으로, 지식에서 지혜로 발전해 간다고 한다. 자료는 사건 또는 객체에 대한 객관적 사실이며, 정보는 특별한 관련성과 목적성을 가진 자료이다. 지식은 사람들이 정보를 잠재적 활용에 연결하는 것과 관련된다. 여기서는 이들을 지식정보로 묶어서 다룬다.

조직 운영에 필요한 지식정보는 각종 기본 자료, 과거 자료, 현황 자료, 예측 자료 등으로 구분할 수 있다. 한편 분야별 지식정보는 정책 및 사업 자료, 영업 자료, 인사 자료, 재무회계 자료, 고객 자료 등을 들 수 있다.

건강한 조직에서는 좋은 지식정보가 충분하다

조직에서 의사를 결정하고 의사를 소통하는 데는 좋은 지식정보가 필수적이다. 그런데 건강한 조직에서는 조직의 활동에 필요한 좋은 지식정보가 가득 차 있다.

건강한 조직에서는 지식정보를 적절하게 획득한다. 지식정보를 획득하는 방법은 직접 생산하거나 이미 생산된 정보를 구입하여 활용한다. 건강한 조직에서는 조직 목표에 적합한 자료, 정보, 그리고 지식을 생산한다. 건강한 조직에서는 자료를 정보로 변환시키며, 정보를 지식으로 변환시킬 능력이 있다.

건강한 조직에서는 조직 운영에 필요한 각종 자료가 분야별로 구비되어 있는 경우가 많다. 다른 조직에서 만든 자료와 정보, 조직 내 다른 부서가 만든 자료와 정보는 해당 부서에게는 다시 가공해야 사용될 수 있는 경우가 많다. 따라서 건강한 조직은 각 부서별로 직접 조직 운영에 필요한 지식을 만들 수 있는 체제가 되어 있고 이를 활용하여 정보와 지식관리를 한다.

병든 조직에서는 좋은 지식정보가 부족하다

병든 조직에서는 조직관리에 필요한 지식과 정보가 부족하다. 미래 자료는 물론이고 현황 자료도 체계적으로 정비되어 있지 않다. 이러한 지식정보의 결핍증은 합리적인 의사결정을 하는 데, 의사소통을 활발하게 하는 데 커다란 장애가 된다.

병든 조직에서는 조직 운영에 필요한 지식정보를 생산하지 않거나, 생산하더라도 가치가 별로 없는 지식정보를 생산한다. 병든 조직에서도 자료와 정보를 생산할 때가 있으나 그 자료들은 조직을 운영하는 데 중요한 자료라기보다는 있어도 되고 없어도 되는 그런 자료들을 생산한다.

병든 조직에서는 좋은 지식정보를 생산할 능력이나 체제가 정비되어 있지 않다. 지식정보의 유용성에 대한 판단 능력이 없으며, 지식정보관리에 대한 중요성을 인식하지 못한다. 때로는 지나치게 많은 자료를 생산하기 때문에 정말 중요한 자료에 대해 심도깊게 자료를 분석하지 못하는 경우도 많다.

좋은 지식정보 확보 방안

지식정보를 담당하는 조직이나 체제를 정비하고 최고관리자가 정보관리의 중요성을 인식해야 한다. 그리고 중요한 의사결정을 하는 데 수반된 의사결정 지원 체제를 구비해야 하며, 지식 생산자들(예: 교수, 연구원 그리고 저자 등)에 대한 적절한 보상도 필요하다.

정보 자료의 왜곡과 변질을 막기 위해서는 정보 자료의 생산 및 획득 체제에 대한 감독과 관리를 철저하게 해야 한다. 정보자료원이 신뢰할 만한 곳인지를 확인하고 교차 체크 또는 이중 체크를 통해 정보자료의 진실성을 확인하는 관리 체제가 구축되어야 한다.

질병 지식정보변이증

병든 조직에서는 정보 자료를 생산할 때 이를 부당하게 사용할 목적으로 정보 자료를 변질시키기도 한다. 이를 '지식정보변이증'으로 부른다. 지식정보의 변질은 기본 자료의 왜곡과 변질, 분석 과정에서의 해석과 논의의 변질 그리고 결론의 변질로 이어진다.

지식정보를 변이시키는 원인은 의사결정을 왜곡시켜 사적 이익이나 집단의 이익 또는 조직의 이익을 추구하려 하기 때문이다. 또한 변질시킬 수 있는 기회나 허점이 많으면 지식정보 변이 횟수는 증가한다.

이러한 지식정보의 변질은 의사결정 과정에서 판단을 흐리게 하고 합리적인 결정을 유도하는 데 장애 요인이 된다.

지식정보의 변질을 막기 위해서는 의사결정의 단계별로 제공된 정보 자료의 신빙성을 검토하는 단계를 두어 사전 또는 사후에 정보 자료의 변질 가능성을 차단해야 한다. 그리고 지식정보의 변질이 확인되면 이에 대한 책임을 명확히 부담시켜야 한다.

2 지식정보의 공유와 활용

건강한 조직에서는 지식정보자원이 적절하게 공유되어 활용되나 병든 조직에서는 활용되지 않으며 공유거부증이 있다.

지식정보자원의 활용과 공유의 의의

지식정보의 활용 여부에 따라 조직의 성장과 발전은 물론 생존이 좌우된다. 지식과 정보의 활용은 업무를 수행하는 과정에서 개인이나 조직에 체화된 지식이나 정보를 사용하는 활동으로서 업무 성과를 향상시키는 데 직접적으로 기여한다.

지식정보 활용의 전제 조건이 전이와 공유이다. 지식정보자원의 전이와 공유는 개인 간이나 조직 간에 상호 작용을 통해 지식을 교환하는 일체의 행위이다. 여기서 지식의 전이는 누구에게 지식을 제공하는 것이고, 지식 공유는 개인 간이나 집단 내 지식의 교환을 의미한다.

지식정보가 이전되면 그것은 조직 내에서 부서 간에 전달되어 공유할 수 있게 된다. 지식정보의 공유는 개인 지식이 조직 지식으로 전환하는 메커니즘을 제공한다.

공업 사회에서 지식정보 사회로 진입하면서 인트라넷과 인터넷의 도입으로 조직에서 지식정보의 공유와 활용은 매우 편리해졌고 신속해졌다.

건강한 조직에서는 지식정보자원의 공유와 활용을 잘한다

건강한 조직에서는 보유하고 있는 지식정보가 많으며, 이들 지식정보에 대해 신뢰 정도가 높고, 따라서 그 활용도가 높다.

건강한 조직에서는 지식과 정보가 차곡차곡 쌓여 있는 지식의 저장고가 마련되어 지식을 재사용할 수 있도록 되어 있다. 지식정보를 재사용할 때 시간이 단축되며, 자료 정보가 잘 준비되어 있어 적시성 있는 이용이 가능하다.

건강한 조직에서는 조직이 보유하고 있는 자료, 정보, 그리고 지식의 전이도와 공유도가 매우 높다. 지속적 멘토링이나 도제 관계를 통해, 그리고 전화나 회의, 각종 훈련 프로그램을 통해 지식을 전달하고 공유한다.

건강한 조직에서는 지식정보자원의 유동성이 높고 접근이 용이해 그것을 전 조직인이 공유하기 쉬워지며 결과적으로 배분이 잘 되고 활용되기 쉬운 상태가 된다. 즉 건강한 조직에서는 지식창고에 분류되어 있는 지식정보들은 의사결정의 목표에 맞추어 다시 통합되고 배열되어 활용된다. 조직 전체로서 또는 하부 부서들은 지식정보를 통합하고 분류할 수 있는 능력이 있다. 그리고 부서나 기능별로 필요한 지식정보와 잘 연계되어 있다.

이처럼 지식정보의 공유도가 높고 활용을 잘하면 조직 전체의 의사결정 능력이 높아지고, 합리적인 의사결정을 통해 조직의 성장과 발전을 도모할 수 있다.

병든 조직에서는 지식정보자원이 공유되지 않고 남용되거나 활용되지 않는다

병든 조직에서는 필요한 지식정보가 없거나, 있더라도 활용되지 않는다. 병든 조직에서는 지식의 저장고가 빈약하여 지식정보를 활용할 수 없다. 조직 전체로서 자료와 정보가 없거나 부족하다. 병든 조직에서는 적절한 자료와 정보가 제공되지 않으므로 적시에 적절한 의사결정을 하기 어렵다.

병든 조직에서는 정보의 남용과 악용 현상이 많다. 정보를 이용하여 보고서를 작성하는 관리자나 구성원이 긍정적인 측면의 자료와 정보만을 제공한다거나 그 반대로 부정적인 정보와 자료만을 제공하여 잘못된 판단을 하게 한다. 심지어는 자기 조직이 만든 정보를 외부에 유출하여 사익을 취하는 경우도 있다.

지식정보자원의 공유 및 활용 방안

지식정보자원의 공유가 잘 되게 하려면 정보의 독점을 막고 정보를 공유할 수 있는 체제를 갖추어야 한다. 튜터링, 멘토링 같은 지식 전이 방법을 활용하여 제도적 지식 전이 체제를 구축한다.

조직은 비구조적 정보를 활용할 수 있도록 하기 위해 강력한 서치 엔진, 콘텐츠 관리 시스템, 개인화 도구에 투자해야 한다. 조직은 지식정보의 공유에 대한 인센티브를 마련해야 하며, 이에 대해 조직관리 차원에서 지원한다.

지식정보자원이 잘 활용되게 하려면 체제를 갖추어야 한다. 예컨대 지식창고와 같은 것을 만들어 활용할 수 있어야 한다. 또한 주제별로 전문가찾기 디렉토리 등 시스템을 구축함으로써 일종의 지식관리 시스템을 운영해야 한다. 그리고 정보의 남용을 막으려면 정보 남용에 대한 상벌 체제가 확립되고 이에 따라 관리되어야 한다.

질병 지식정보공유거부증

'지식정보공유거부증'이란 조직의 하위 단위들이 각자 지식정보를 보유하며 단위들 간에 그것을 공유하기를 꺼리는 현상을 말한다. 조직 전체로서는 어디엔가 자료와 정보가 있기는 하나 부서 간에 지식정보의 공유가 잘 이루어지지 않는다. 즉 특정 부서나 특정인의 자료와 지식정보의 독점이나 과점이 심하기 때문에 조직구성원의 공감대 형성이 어렵다. 이로 인해 의사결정 과정에 합의 형성이 매우 어렵다.

이처럼 지식정보가 독점되는 것은 조직이기주의나 개인이기주의에서 비롯된 현상으로 특정 부서나 집단이 그들의 이해관계를 충족시키기 위해 지식정보를 독점적으로 활용하려 하기 때문이다.

지식정보의 공유를 확대하려면 그것의 독점을 막는 체제를 구축하고, 그것을 공유하도록 인센티브를 마련해야 한다.

3 지식정보의 보호

건강한 조직에서는 지식정보자원이 적절하게 보호되나 병든 조직에서는 그것이 보호되지 않는다.

지식정보자원 보호의 의의

오늘날 조직들은 개인이나 국민, 그리고 조직 자체의 지식정보를 직접 생산하거나 보유하여 관리하고 있다. 이러한 지식정보는 조직이 이것을 어떻게 관리하느냐에 따라 개인, 조직, 그리고 국가 사회에 커다란 이익을 가져다 주기도 하지만 손해를 가져다 줄 수도 있다.

공업 사회에 비해 지식정보 사회로 진입하면서 조직에서의 지식정보의 공개와 보호 문제는 국가 사회적 이슈일 뿐만 아니라 때로는 조직의 사활이 걸리는 문제가 되기도 한다. 이에 따라 지식정보 보호 문제를 사업화하는 기업도 많아지고 있다. 예를 들어 컴퓨터나 사이버 범죄, 지적 재산권 보호, 기업이나 정부 조직과 관련한 해킹 등이 그것이다.

건강한 조직에서는 지식정보자원을 잘 보호한다

건강한 조직에서는 지식정보를 잘 보호하며 지식정보를 성실하게 관리한다.

업무 수행 과정에서 취득한 고객정보를 철저하게 관리하고 감독하는 체제가 구축되어 있다. 은행, 보험회사 등 서비스 회사들은 많은 고객정보를 수집하게 되는데 이들은 좀 더 특별한 지식정보 보호를 위한 체제를 구축한다. 국가기관도 이런 점에서 예외는 아니다. 국세청이나 의료기관 및 학교기관 등에서는 개인 정보를 보유하고 관리하고 있으므로 이 기관들에게는 이 지식정보를 성실하게 관리할 책임이 있다.

한편 건강한 조직에서는 조직관리에 관한 노하우나 사업이나 제품과 관련한 지적 재산권을 잘 보호한다. 이러한 지적 재산권의 사용에 대한 로열티가 막대한 부(富)를 가져다 준다.

건강한 조직에서는 국가기관이든 사적 기업이든 간에 지식정보자원을 보호할 수 있는 능력, 기술적 장치의 구비, 그리고 법이나 제도적인 정비가 뒷받침되어 있다.

지식정보자원을 잘 보호하면 해당 기관에 대한 고객들의 신뢰도가 높아지며 사회는 안전성이 더욱 커진다.

병든 조직에서는 지식정보자원을 잘 보호하지 못한다

병든 조직에서는 지식정보를 잘 보호하지 못하며 지식정보를 불성실하게 관리한다.

병든 조직에서는 각종 고객정보를 잘 보호하지 못한다. 고객정보에 대한 보호가 허술하면 소비자나 국민 개개인의 정보가 유출되어 사생활을 침해당하게 된다. 또한 조직의 중요한 인사정보나 관리정보가 새나가기도 한다. 그리고 조직의 핵심 이익에 해당하는 지적 재산권이나 특허와 관련된 분쟁에서 권리나 재산을 보호하지 못하는 경우가 발생한다.

고객정보, 관리정보, 그리고 핵심 재산권 정보는 조직 내부자의 의도적 유출이나 조직 외부자의 해킹에 의해 도난을 당한다. 이처럼 지식정보자원이 잘 보호되지 못한 이유는 지식정보 보호와 관련하여 제도의 미비, 지식정보 관리 체제의 미흡, 그리고 지식정보 보호 장비나 수단의 미비 등을 들 수 있다.

지식정보자원이 보호되지 못하면 해당 기관에 대한 신뢰도가 낮아지고 사회의 안전도도 낮아진다. 특히 고객정보의 외부 유출은 매우 심각한 사회적 문제를 야기한다. 따라서 사회적 책임을 다하지 못하는 조직이 되어 조직에 대한 고객의 신뢰가 떨어지며 조직의 대외 이미지가 훼손된다. 핵심 정보에 대한 보호가 확보되지 않으면 조직의 경제적 이익이나 기술적 이익이 크게 감소된다.

지식정보자원의 보호 방안

지식정보자원을 잘 보호하려면 지식정보자원의 중요성을 느낄 수 있도록 관리자를 교육시켜야 하며 지식정보자원의 관리 감독 체제의 확립이 요구된다. 요즈음은 지식정보 보호를 위한 새로운 보안 시스템이 개발되고 있으므로 이들을 구입하여 장치해야 한다.

그런데 지식정보의 보호가 지나쳐서 보안 절차 등이 너무 까다로울 때 원래의 조직 목적에 해가 될 수 있다. 따라서 조직의 유형이나 기능에 따라서 지식정보 보호의 방법이나 수단을 적정하게 결정해야 한다.

질병 지식정보누출증

조직에서 관리상 중요한 지식정보들이 조직이 의도하지 않은 상태에서 조직 밖으로 새어 나가는 현상을 '지식정보누출증'이라 부른다. 중요한 정보란 조직의 이해 관계에 큰 영향을 미칠 수 있는 정보로 조직 내부 정보, 기술 정보, 그리고 고객 관련 정보를 모두 포함하며, 이들은 조직이 여전히 감추고 싶고 소유하고 싶은 지식정보이다.

누출은 조직관리자가 모르는 사이에 무의식적으로 지식정보가 새어나가기도 하고, 조직 내부자가 사적 이익을 위해 이를 내보내기도 하며 조직 외부자의 해킹 등을 통해 이를 도난당하는 경우도 있다.

지식정보의 누출을 막기 위해서는 지식정보 보호와 감독 체제의 구축, 지식정보 담당자들에 대한 상벌 강화 등이 요구된다.

4 조직학습

건강한 조직에서는 조직학습을 잘하고 병든 조직에서는 그것을 경시한다.

조직학습의 의의

지식과 경험의 계승과 관련하여 조직학습, 그리고 학습 조직에 관한 관심이 증가하고 있다. 특정 조직으로서는 자신이 직접 경험하여 축적한 지식과 정보야말로 가장 좋은 지식과 정보이다. 지식과 정보의 학습이란 새로운 지식을 배워 자기 것으로 만들고 환경 변화를 감지하는 활동으로 조직학습(organizational learning)이라고 한다.

조직학습은 개인 학습과는 다르다. 개인 학습은 학습자 개인, 즉 학생 개인의 학습 노력과 교사와의 상호 작용 속에서 이루어지지만 조직학습은 조직을 구성하는 수많은 사람, 집단, 조직 단위들이 경험했던 지식정보를 상호 작용하면서 배워가는 집합적 과정이다. 조직학습은 언어, 의미, 목적, 그리고 표준의 공유를 요구한다.

건강한 조직에서는 조직학습을 잘한다

건강한 조직에서는 집단적으로 학습한다. 집단구성원이 진정한 대화와 토론, 그리고 협력적인 사고와 과정을 통해 개인적 한계를 능가하는 지혜와 능력을 구비할 수 있게 한다.

건강한 조직에서는 조직이 문제나 잘못을 발견하고 정정하며 기존의 규범, 절차, 정책, 목표에 대해 의문을 가지며 수정한다. 조직은 경험으로부터 배우며 존속에 도움이 되는 행동을 취한다.

건강한 조직에서는 이전의 실패를 다음의 성공 기회로 삼는다. 실패의 경험은 실패의 원인을 규명하고 이에 대한 처방을 내리며 다시는 실패하지 않도록 하는 것이다. 또한 성공의 경험은 공유되고 또 다른 성공을 유도하는 데 기여한다.

병든 조직에서는 조직학습이 미숙하다

병든 조직에서는 조직학습이 없거나 있더라도 그것이 매우 형식적이다. 집단구성원들 간에 조직이 경험한 것에 대해 함께 이야기하고 토론할 기회가 없다. 집단 간 토론의 기회가 있더라도 문제의 원인에 대한 철저한 진단도 없고 이에 대한 예방책도 마련되지 않는다.

병든 조직에서는 조직이 문제나 잘못을 발견할 수는 있지만 그것이 정책이나 제도, 규범의 변화까지에는 이르지 않는다.

병든 조직에서는 이전의 실패에 연연한다. 실패한 자에 대한 처벌이 심하며 공개적으로 그들을 비난한다. 따라서 조직에서 실패한 사람들은 실패 사실을 감추려 한다. 조직에서의 성공은 1회성 성공으로 그친다. 성공의 기쁨은 공유되지 않고 성공한 자의 개인의 업적에 그친다.

조직학습 향상 방안

조직학습을 잘하려면 조직학습에 대한 관리자의 인식의 변화와 함께 그것의 제도화가 필요하다. 그리고 조직학습을 잘하는 자들에게 어느 정도 개인적 보상이 필요하다. 즉 실패한 경험이 문서화될 수 있는 조직문화가 요구된다.

조직학습에 관한 주요 이론가는 셴게(Peter M. Senge)이다. 그는 학습조직을 전통적인 조직과 구분하면서 학습조직은 조직원들이 진정으로 원하는 결과를 창출할 능력을 지속적으로 신장할 것, 새롭고 개방적인 사고 방식이 육성될 것, 공동의 갈망이 자유롭게 분출될 수 있게 할 것, 조직구성원들이 함께 배우는 방법을 계속적으로 배울 것 등의 조건이 구비된 조직이라고 강조한다. 이것은 새겨들을 만한 내용이다.

질병 조직학습지진증과 실패학

조직학습 정도는 조직에 따라 정도가 매우 높을 수도 있고 반면에 매우 더딜 수도 있다.

'조직학습지진증'은 조직이 학습하는 정도가 매우 느리거나 더딘 증상을 말한다. 조직학습의 정도나 진도는 빠를수록 좋다고 할 수 있다.

조직학습의 정도는 조직에서의 과거 경험, 다른 부서나 단위의 경험이 진행 중이거나 진행 예정이 계획, 사업, 업무 수행에 반응되는 정도를 반영하며, 조직구성원 간, 단위 부서 간 상호 작용에 비례한다.

그런데 조직학습이 더딘 이유는 조직문화가 조직학습을 자극하지 못하거나 최고관리자나 중간관리자가 조직학습 분위기를 조성하지 못하며 조직학습 관련 상벌 체계가 미흡하기 때문이다.

조직학습과 관련하여 최근 강조되고 있는 것이 실패학이다. 실패학은 성공하려 하는 사람이 배워야 할 학문이다. 이에 대비한 개념은 성공학이다. 우리는 성공하는 조직에서 성공의 경험을, 실패하는 조직에서 실패의 경험을 배울 수 있다. 개인이나 회사, 정부 조직, 국제 조직 모두 성공보다는 실패의 확률이 높다. 혼다의 창업주 혼다 소이치로(本田宗一郞)는 "나의 성공은 99%의 실패에서 나온 1%의 성공의 성과"라고 말한다. 그리고 이를 반영해 매년 '실패왕'을 선발하여 100만 엔가량의 격려금을 수여하고 있다. 실패를 잘 관리하는 것이야말로 성공으로 가는 지름길이다. 실패를 성공의 기회로 만드는 첫 단추는 '책임 추궁'이 아닌 '원인 규명'이다. 실패 사례를 데이터베이스화하여 조직학습의 자료로 삼아야 한다. 실패 사례에는 제목, 개요(간결한 정리), 상세한 내용(경과, 원인, 대처, 대책 등) 그리고 영향 등이 포함된다.

Chapter

04 사회심리 체제의 건강

사회심리 체제의 건강은 조직에서 일하는 사람들의 사회심리적 최적 상태를 의미한다. 여기에는 조직인 개인, 조직인 간 관계, 조직인과 조직의 관계, 그리고 조직의 가치 및 윤리적 측면의 건강을 하위 체제로 들 수 있다.

조직인 개인 수준의 건강은 욕구, 직무만족도, 스트레스, 그리고 태도 등으로 구성된다. 건강한 조직에서는 조직인의 욕구를 충족시키고, 직무만족도가 높으며, 스트레스가 적절하고, 조직인의 태도가 적극적이다. 그렇지만 병든 조직은 조직인의 욕구를 좌절시키고, 직무만족도가 낮으며, 스트레스가 지나치게 높고, 조직인의 태도가 소극적이다.

조직 내 인간 관계의 건강성은 집단 수준에서 볼 수 있는 것으로 신뢰, 시민 정신, 집단 팀워크, 집단 갈등 등을 포함한다. 건강한 조직에서는 긍정적인 인간 관계(신뢰)가 형성되고, 시민 정신이 강하며, 집단의 팀워크가 높고 집단 갈등이 순기능을 발휘한다. 그렇지만 병든 조직에서는 부정적 인간 관계(불신)가 지배적이며 시민 정신이 약하고 집단의 팀워크가 좋지 않으며 집단 갈등이 역기능적이다.

구성원 개인과 조직 관계의 건강성은 조직충성심, 일체감, 권력 행사의 수용 등을 포함한다. 건강한 조직에서는 구성원의 조직에 대한 일체감과 충성심이 높고 상벌 체제가 적절하고 공정하며, 조직의 권력 행사와 수용이 합리적·합법적이다. 그렇지만 병든 조직에서는 구성원의 조직에 대한 일체감과 충성심이 낮고 상벌 체제가 과잉 혹은 과부족하며 불공정하고, 조직 권력의 행사와 수용이 비합리적·비합법적이다.

조직의 가치 및 윤리적 건강성은 가치, 윤리, 부패 문제를 포함한다. 건강한 조직에서는 조직의 기본 가치를 공유하고 윤리적이며 부정부패가 없고 사회적 책임을 다한다. 병든 조직에서는 조직의 기본 가치를 공유하지 않고 맹종하며 비윤리적이고 부정부패가 많으며 사회적 책임을 다한다.

[그림 4-1] 사회심리 체제의 건강과 최적 상태

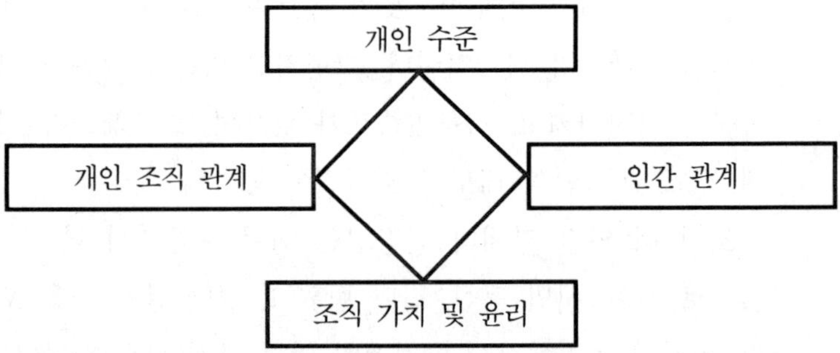

제1절 조직인의 건강성

1 욕구 만족

건강한 조직은 조직인의 욕구를 충족시키나 병든 조직은 그것을 충족시키지 못한다.

욕구의 의의

조직 내에는 매우 높게 동기가 부여되어 열심히 일하는 사람이 있지만 가능한 한 일을 회피하려는 사람도 있다. 이런 점은 조직인의 욕구와 관련이 있다.

욕구(needs)란 인간이 어떤 시점에서 지각하는 결핍에서 비롯된 필요나 갈망이다. 욕구에는 강한 것도 있고 약한 것도 있으며, 일시적인 것도 있고 지속적인 것도 있다.

욕구와 관련하여 가장 많이 인용되는 것 중의 하나가 머슬로(Abraham H. Maslow)의 욕구 5단계이다. 인간의 욕구는 다음의 5단계로 이루어지는데, 그들은 생리적 욕구, 안전의 욕구, 사랑과 귀속의 욕구, 존경의 욕구, 그리고 자아실현의 욕구이다. 이 밖에도 권력 욕구 등이 있다.

이러한 욕구를 충족시키려는 행위가 동기부여(motivation)이다. 동기부여란 사람들의 행위를 어떤 목표를 달성하는 데 자극하며 지시하고 유지하는 일련의 과정을 말한다.

건강한 조직에서는 욕구가 충족된다

건강한 조직에서는 조직인의 다양한 욕구가 어느 정도 고르게 충족된다. 조직에서 조직인들은 충분한 보수 등과 근로환경에 따라 의식주에 관한 생리적 욕구가 어느 정도 충족된다. 근로 조건과 환경이 구비되며, 연금 제도가 구비되어 신체 및 신분의 안정과 같은 안전의 욕구가 어느 정도 충족된다. 조직 내에서 동료 관계, 상하 관계 등이 원만하여 사회적 욕구와 사랑의 욕구가 어느 정도 충족된다. 자기의 지위나 역할에 대해 타인들로부터 존경을 받아 존경의 욕구가 어느 정도 충족된다. 끝으로 업무 수행과 승진 등을 통해 자기의 잠재력과 이상을 실현하는 자아실현의 욕구도 어느 정도 충족된다.

조직에서 조직인은 욕구가 충족되기 때문에 일할 의욕이 생기고 일할 동기가 부여된다. 대체로 욕구가 충족된 사람들은 직무만족도와 조직몰입도가 높은 경향이 있다.

병든 조직에서는 욕구 불만족이 높다

이처럼 욕구가 다양한 측면을 포함하고 있기 때문에 병든 조직에서는 모든 욕구를 고르게 충족하기는 어렵다. 어떤 욕구는 충족되지만 다른 욕구의 충족 정도는 상당히 낮을 수도 있다.

병든 조직에서는 조직인의 다양한 욕구가 충족되지 못하고 심하면 욕구가 좌절된다. 병든 조직에서는 의식주, 수면, 그리고 성생활과 관련된 생리적 욕구가 충족되지 못한다. 신분의 안전과 신체의 안전 등 안전의 욕구가 충족되지 못한다. 동료와 상관, 부하 간의 인간 관계에서 비롯되는 사랑의 욕구가 충족되지 못한다. 사람들로부터 존경을 받지 못한다. 그리고 자신의 잠재력이나 이상을 실현할 수 없다.

욕구가 충족되지 않고 불만족이 커지면 조직에서의 행동이나 태도인 직무만족도나 직무몰입도 등이 낮아진다. 또한 조직의 효과성에는 반대되는 방향으로 다양한 형태의 행동이 나타난다.

욕구만족도를 향상시키는 동기부여 방법

욕구 불만족을 해소하고 욕구 만족을 높이기 위해서는 동기를 부여해야 한다. 조직에서는 개별적 동기와 욕구 수준을 조사하고 동기부여 수단을 강구해야 한다. 이에 따라 인사 제도를 정비하며 필요한 인사 조치나 직무 특성 관리 및 기타 조직관리적 수단이 취해져야 한다. 하지만 불만족을 해소하는 것과 만족을 높이는 것이 다를 수 있다는 것을 유의해야 한다.

질병 욕구좌절

병든 조직에서는 조직인의 욕구가 충족되지 못하고 오히려 조직인의 욕구 충족이 좌절되는 경우가 많다. 여기서 좌절이란 어떤 동기화된 충동이 원하는 목표에 이르기 전에 장애물에 의해 저지당할 때 일어난다. 이러한 장애는 외형상으로 나타날 수도 있고 잠재적인 것일 수도 있다.

욕구가 좌절되면 다양한 형태의 방어 기제가 나타난다. 즉 욕구가 좌절되면 이를 해결하기 위해 공격하려는 경향이 있는데 좌절이 클수록 공격이 더 부추겨진다. 그러한 공격으로 예로는 업무 기피, 대인 충돌 그리고 조직 이탈 등을 들 수 있다.

조직에서 조직인의 욕구를 모두 그리고 충분히 충족시킬 수는 없다. 하지만 조직의 능력 범위 안에서 이를 최대한 충족시켜 주어야 한다. 관리 부서와 인사 부서는 협력하여 제도나 관리 개선을 통해 이 문제를 해결해야 한다. 욕구에 대한 좌절감은 욕구의 종류에 따라 다르다. 또한 사람에 따라 좌절감의 정도가 차이가 있다. 따라서 조직 전체적인 욕구관리와 더불어 직원에 대한 개별적인 욕구 좌절 관리가 요구된다.

2 직무 태도(직무만족과 직무몰입)

> 건강한 조직에서는 조직인의 직무만족도가 높으나 병든 조직에서는 그것이 낮다.

조직인의 태도의 의의

태도(attitude)는 조직행위론에서 가장 기초적이면서도 중요한 개념이다. 태도는 어떤 사람이 소극적인가 적극적인가 할 때 사용하는 것이 보통이다.

그런데 태도는 기본적으로 평가적 요소, 인지적 요소, 그리고 행태적 요소로 구성되어 있다. 평가적 태도는 어떤 사람, 대상, 사건에 대한 좋아함과 싫어함을 말한다. 인지적 태도는 어떤 대상에 대한 지식을 말한다. 끝으로 행태적 태도란 어떤 식으로 행동하려는 의도를 말한다.

직무 관련 태도는 직무 자체나 일이 수행되는 장소, 그리고 관련된 사람들에 관해 계속되는 느낌, 믿음, 그리고 행태적 경향을 말한다. 이들에는 직무 실적, 결석, 자발적 이직 등이 포함되며 직무만족도, 직무몰입, 직무 스트레스, 소외감 등이 함께 언급되고 있다.

건강한 조직에서는 직무만족도와 직무몰입도가 높다

건강한 조직에서는 직무만족도, 직무몰입도와 같은 긍정적 태도가 높다. 이들이 높으면 직원들은 더 많은 실적과 더 높은 생산성을 올린다.

건강한 조직에서는 직무만족도(job satisfaction)가 대체로 높다. 직무만족도란 개인이 그들의 직무에 대해 갖는 평가적·인지적·정서적 반응을 말한다. 보통 직무만족도는 직원이 자신의 업무를 좋아하는 정도를 말한다. 건강한 조직에서는 직원들이 자신들이 하는 일을 좋아하며 열심히 한다.

건강한 조직에서는 직원들의 직무몰입(job involvement) 정도가 높다. 직무몰입이란 자기가 담당하는 직무에 대해 자발적으로 요구하는 수준 이상으로 수행하려는 정도를 말하며 조직몰입과는 다르다.

건강한 조직에서는 올바른 일을 하는 사람에게 보상을 주는 것이 일을 잘못한 사람에 대해 처벌하는 것보다 상대적으로 더 많고 더 강도가 높다.

병든 조직에서는 직무만족도와 직무몰입도가 낮다

병든 조직에서는 직무만족도, 직무몰입도와 같은 태도가 낮다. 직무만족도와 직무몰입도가 낮으면 직원들은 많은 실적과 높은 생산성을 올릴 수 없다.

병든 조직에서는 직무만족도가 대체로 낮다. 병든 조직에서는 직원들의 직무몰입도가 낮다. 병든 조직에서는 직원들이 자신이 하는 일을 싫어하며 게으름을 피운다. 병든 조직에서는 직원이 직무 수행 과정에서 많은 스트레스를 느끼는데 업무를 수행하면서 심리적 압박감을 많이 느낀다. 또한 조직인들은 조직에서 소외감과 무력감을 느낀다.

병든 조직에서는 올바른 일을 하는 사람에게 보상을 주는 것보다는 잘못 일을 한 사람에 대한 처벌이 상대적으로 더 많고 더 강도가 높다.

조직인의 태도 개선 방안

직무만족도를 높이기 위해서는 어떤 욕구가 가장 필요한지 진단한 후 이에 따라 동기를 부여해야 하는데, 대표적 방법은 보상 체제(reward system)이며, 보수・책임성 등을 구비하는 것이다. 그런데 욕구의 수준이 높을수록 좀 더 다양한 수단들이 모색되어야 한다. 외재적 유인보다는 내재적 유인이 동기부여 요인으로 효과적이며 오래 지속된다.

질병 철수행동

'철수행동(withdrawal behavior)'이란 개인이 조직에서 직무 불만족을 피하기 위해 나타내 보이는 행동으로 심리적 철수행동과 신체적 철수행동으로 구분된다(Daft & Noe, 2001: 120).

심리적 철수행동은 시간 낭비, 백일몽, 게으름 피우기 등이 포함되며, 신체적 철수행동으로는 지각, 결근, 이직 등이 포함된다. 예컨대 직원이 직무에 불만족하기 때문에 정해진 시간안에 할 수 있는 일조차도 차일피일 미루며 게으름을 피우는 것이다. 이러한 상태는 표면적으로 드러나기도 하는데 가장 심한 경우 직장을 포기하고 이직하는 것이다.

심리적 철수행동은 주로 개인적 차원에서 발생한다. 따라서 조직에서 바로 위의 상급 관리자가 부하들의 근무 행동을 수시로 파악하여 상담하고 철수행동이 보일 때는 이에 대한 설득과 교화 대책을 마련해야 하며, 제도가 필요하면 규정 등을 개선해야 한다.

3 직무 스트레스

> 건강한 조직에서는 조직인의 스트레스가 적절하나 병든 조직에서는 나쁜 스트레스가 지나치게 많다.

조직인의 스트레스의 의의

우리는 스트레스 유발체(stressors)라 불리는 자극에 늘 직면한다. 그것은 우리에게 심리적 혹은 육체적 요구를 유발한다. 그러한 요구에 대응하여 일어나는 정서적 상태나 심리적 반작용을 스트레스(stress)라 부른다.

사람들은 그들이 통제할 수 없거나 매우 위협이 크다고 지각적으로 평가할 때 스트레스를 경험한다. 스트레스 반응이 정상적인 상태를 어느 정도 벗어날 때 긴장이 발생한다. 스트레스는 단순히 걱정하거나 신경적인 긴장이 아니며, 그것은 반드시 누구에게 해를 미치는 것은 아니다. 그것은 지나친 자극 때문에 비롯되는 것은 아니며 피할 수 있는 것도 아니다.

스트레스의 원인은 조직적인 것도 있고 개인적인 것도 있다. 스트레스는 결과적으로 업무 실적에 영향을 미친다. 그리고 스트레스에 저항하는 것은 개인별로 차이가 있다.

건강한 조직에서는 좋은 스트레스가 발생한다

건강한 조직에서는 어느 정도 적당한 스트레스가 존재한다. 이런 긍정적인 스트레스를 '좋은 스트레스(u-stress)'라 부른다. 스트레스를 극복하는 과정에서 조직은 오히려 활력을 되찾는다.

특히 낙관적인 사람들이 비관적인 사람들보다 많은 조직에서는 스트레스에 대해 대응을 잘한다. 또한 변화를 위기로 생각하기보다는 기회로 생각하는 사람들이 많은 조직에서는 약한 스트레스는 오히려 조직에 활력을 준다.

조직으로부터 업무의 적절한 부과, 적절한 달성 목표의 제공, 보직 이동과 승진 등은 조직인들에게 약간의 스트레스를 주기는 하지만 조직 생활의 변화를 느끼게 한다. 즉 적당한 스트레스가 존재함으로써 조직은 활력을 갖게 되고 업무의 생산성이 높아진다.

병든 조직에서는 나쁜 스트레스가 발생한다

병든 조직에서는 많은 직원이 부정적인 스트레스를 겪는다. 이런 부정적인 스트레스를 '나쁜 스트레스(d-stress)'라 부른다. 심한 스트레스는 의사를 결정할 때 질이나 정확성을 낮추게 한다. 업무의 량이 지나치게 많거나 혹은 지나치게 업무가 적기 때문에 스트레스를 느낀다. 또한 타인에 대한 과도한 책임이 스트레스를 야기한다.

병든 조직에서 스트레스는 순간적인 것이 아니고 장기간 지속된다. 스트레스에 오래 노출되면 탈진(burnout) 현상을 보이기도 한다. 탈진이란 육체적, 정서적, 그리고 정신적 소진을 포함하는 증상으로서 인간적 성취가 낮다는 것을 느끼게 한다.

심한 스트레스는 건강에 나쁜 영향을 준다. 이는 심장 질병, 고혈압, 동맥경화, 암, 그리고 당뇨병과 같은 질병의 발생과 관련이 있다.

조직인의 나쁜 스트레스 해소 방안

직무 스트레스를 줄이기 위해서는 스트레스의 원인을 규명한 후 이에 대처해야 한다. 스트레스 해소를 위해 개인적으로는 명상이나 이완 같은 육체적 기법과, 잠재적으로 스트레스 상황을 다시 생각하는 인지적 기법이 있다. 한편 조직적으로 스트레스를 해소하는 방법으로는 조직의 구조나 기능의 변경, 직무 특성 변화, 직원 지지 프로그램, 그리고 스트레스에 적응하는 프로그램들이 있다.

질병 직무스트레스병

직무 스트레스로 인해 사람들은 감정적으로 만족하거나 반응을 보인다. 이때 직무로 인한 나쁜 스트레스가 극심하여 조직인이 이를 수용할 수 없을 정도로 클 때 이를 '직무스트레스병'이라 한다.

직원들이 직무스트레스병에 걸리면 심리적으로는 불안, 소외감, 자존심 손상, 노이로제, 우울증, 무료함, 정신적 피로, 집중력 상실, 분노 등으로 반응한다. 신체적으로는 두통, 불면증,

피부 질환, 위궤양, 콜레스테롤 과다, 고혈압, 심장 질환, 발한, 설사, 신체적 피로 등을 보이며, 스트레스가 심하면 사망에 이르기도 한다.

직무스트레스병에 걸리면 개인적으로 흡연, 음주, 카페인 복용, 환각제 복용, 습관성 마약 복용, 갈등, 공격, 자살, 법규 위반, 빈약한 섹스 관계 등을 보인다. 또한 그것은 결근, 나태함, 이직, 조기 퇴직, 태업, 절도, 불평, 동료 및 상사와 다툼, 단체행동 등을 보인다.

직무스트레스병을 치료하기 위해서는 직무 스트레스 정도를 측정한 후 일정한 기준보다 그 수준이 높을 때 조직관리 차원에서 개입하여 그 정도를 약화시키거나 해당자를 일시적으로 휴식하게 하며 보직 전환을 유도하고, 조직 수준에서는 업무 관리 방법을 전환하거나 제도적 변화를 도모한다.

제 2 절 조직 내 인간 관계의 건강성

1 인간 관계

> 건강한 조직에서는 긍정적인 인간 관계(신뢰)가 병든 조직에서는 부정적 인간 관계(불신)가 지배적이다.

인간 관계의 의의

인간은 사회 속에서 다른 사람과의 관계를 떠나 살 수 없다.

개인은 다른 사람과의 상호 작용, 비교를 통해 동기나 목적의 의식이 형성되고 갈등과 긴장을 하게 된다. 이처럼 사람과 사람 사이에서 일어날 수 있는 모든 관계를 인간 관계라 한다.

조직에서의 인간 관계는 크게 부하와 상사 사이의 상하 간의 수직적 관계와 동료들 간의 수평적 관계로 구분하며, 여기에 고객과의 관계를 포함시키기도 한다. 인간 관계는 관계 당사자 간의 상호 작용에 따라 그 관계가 점점 좋아지기도 하고 점점 나빠지기도 한다.

인간 관계는 개인이 갖고 있는 성격이나 조직 시민행동과 같은 것에 영향을 받는다. 조직 시민행동이란 조직의 공식적 보상 체계에 의해 가외의 인센티브나 보상을 받지 않으면서 조직에 도움을 주는 자발적인 역할 외 행동을 의미한다. 조직 시민행동은 조직구성원들이 조직에 이로움을 주지만 직접 보상을 받지는 않는 친사회적 행동(pro-social behavior)이다.

건강한 조직에서는 긍정적인 인간 관계가 유지된다

건강한 조직에서는 사람과 사람 간에 믿음과 사랑이 충만하다. 또한 상호 존중을 하며 상대방을 긍정하는데, 이는 상대방을 인격체로 존중하고 서로 위하는 데서 출발한다.

건강한 조직에서는 개인 간·집단 간에 신뢰도가 높다. 신뢰가 크기 때문에 조직은 화목한 분위기가 유지된다. 건강한 조직에서는 사람들 간에 더불어 사는 마음이 강하며 타인에 대해 배려하고 대가 없이 타인을 도우려는 사람들이 많다. 즉 좋은 시민으로서 태도를 갖거나 행동을 보이는 사람이 많다.

건강한 조직에서는 편견 없이 사람들을 바라본다. 건강한 조직에서는 인간 관계가 개방적인데, 구성원들은 마음의 문을 열고 타인의 접근을 수용하며 사물을 긍정적으로 본다.

조직에서 이처럼 긍정적인 인간 관계가 형성되고 유지되면 갈등이 줄고 사회 부적응자가 줄기 때문에 조직관리 비용이나 노력이 축소되고 건강한 조직문화가 형성된다.

병든 조직에서는 부정적인 인간 관계가 유지된다

병든 조직에서는 사람과 사람 간에 믿음이 결여되고 사랑이 부족하다. 따라서 병든 조직에서의 인간 관계를 보면 구성원 간, 집단 간, 부서 간, 주요 이해관계자 간 불신이 팽배하다.

병든 조직에는 이기주의자들이 많은데 사적 욕심이 지나쳐 타인에게 양보를 하지 않는다. 병든 조직에는 비관계적 사고를 하는 사람들이 많은데 자신의 요구만 관철하려 하고 남을 배려하지 않는다. 더 나아가 병든 조직에서는 타인에 대해 무관심한 사람들이 많다.

병든 조직에서는 미움과 증오가 지배한다. 신분과 사회적 배경이 다른 사람들이나 집단에 대해서는 무조건 미워하며 공격적인 사람들이 많다. 또한 병든 조직에서는 사람들이 마음의 문을 닫으며 집단따돌림(집단 내 왕따) 같은 행동이 나온다. 동료나 부하를 비방하고 낮게 평가하며 상관은 부하에 대해 억압과 복종을 강요한다.

병든 조직에서는 인종, 학연, 지연, 혈연 등에 의한 편견이 팽배하다. 개인적·직업적 편견으로 인해 대상 집단에 대한 이해가 결여될 때가 많다.

조직에서 이처럼 부정적이고 적대적인 인간 관계가 형성되고 유지되면 갈등이 증가하고 사회 부적응자가 늘며 대인 불신이 증가하므로 조직관리 비용이나 노력이 확대되고 건강하지 못한 조직문화가 형성된다.

조직 내 인간 관계 개선 방안

조직 내에서 인간 관계를 개선하기 위해서는 직장 분위기를 바꿔야 한다. 상사가 인간 관계에 대한 진단을 바탕으로 편견을 해소하며 불신을 해소할 수 있는 분위기를 만들어야 한다. 또한 최초 임용 단계에서 조직 시민행동이 높은 사람들을 채용해야 한다. 끝으로 조직관리자는 끊임없이 조직 내 인간 관계의 추이를 살펴보며 긍정적 인간 관계가 유지되도록 조직을 관리해야 한다.

질병 대인불신병

조직에서 인간 간의 신뢰 문제는 인간 관계의 핵심이다. '대인불신병'은 타인에 대한 믿음이 결여되어 있는 상태로서 조직에서는 상사나 부하 그리고 동료에 대한 불신은 물론 관련 이해관계자나 고객에 대한 불신에까지 이른다.

인간에 대한 불신이 깊으면 깊을수록 개인 간·집단 간·부서 간 협력이 어려우며, 관련 조직 간의 협력도 어려워진다. 따라서 조직관리의 비용이 많이 들며 조직 생활 자체가 즐겁지 못하게 된다.

이러한 대인불신병은 개인적 성격에서 비롯되기도 하나 조직 내에서 인간 관계를 맺는 과정에서 경험하기도 한다. 조직 자체가 불안할수록 대인 불신이 커진다.

대인 불신을 해소하려면 불신의 원인을 규명하여 처방하되 조직관리 수준에서는 조직의 공정성과 방침의 일관성을 높이고 조직을 안정시키며 조직의 미래를 제시해야 한다.

질병 왕따병(집단따돌림)

학교 조직을 중심으로 논의되어 온 '왕따(bullying)' 혹은 집단따돌림 문제는 일반 조직에서도 많이 발생하고 있는 현상으로서 인간 관계의 파괴이자 폭력 행사의 일종이다.

왕따는 한 명 또는 그 이상의 사람들이 집단 내 다른 한 명 또는 그 이상의 직원을 표적으로 하여 반복되고 지속적인 부정적 반응과 행위를 가하는 것으로 폭력, 괴롭힘 등이라 할 수 있다. 따라서 왕따는 피해자가 달가워하지 않고, 교묘하게 혹은 의식하지 못하는 사이에 일어날 수 있지만 피해자들에게 상당한 굴욕감, 모욕 및 부정적 스트레스를 유발하는 동시에 직무 수행을 방해하고 불쾌한 작업 환경을 조성하는 반복된 모든 행위를 말한다.

서울대에서 2004년 연구한 바에 따르면, 15개 직장 400명을 대상으로 조사한 결과 약 25%가 왕따에 동참한 것으로 확인되었다. 노르웨이에서 약 8,000명의 근로자를 대상으로 한 1996년 조사에서는 약 8.6%가 왕따와 괴롭힘을 당했다고 한다. 직장에서 왕따의 가해자는 주로 관리자나 상사, 그리고 여성보다는 남성으로 드러났다.

왕따의 동기로는 가해자 측면(시기심, 사회적 기술 부족, 이득 보호 등), 피해자 측면(성격, 낮은 지위, 사회적 약자), 조직적 측면(조직 풍토 등), 사회문화적 측면을 들 수 있다.

왕따는 피해자를 힘들게 하며 개인을 황폐화시키고 심하면 자살을 유발하며 목격자를 무력하게 한다. 조직에 대해서는 결근, 이직을 유발하고 생산성을 낮춘다.

왕따를 해결하기 위해서는 개인적으로는 피해자가 가해자

와 맞서고, 조직적으로는 인사담당자나 노동조합에 호소하여 조직 수준에서 푸는 방법이 있다.

출처: 김정인 · 양돈규(2009: 111-142)

2 집단 팀워크

건강한 조직에서는 집단 팀워크가 좋으나 병든 조직에서는 그것이 나쁘다.

집단 팀워크의 의의

조직이 있는 곳에는 불가피하게 집단이 있다. 많은 조직인은 조직 그 자체보다는 조직 내의 집단 속에서 주로 조직생활을 경험한다. 집단은 공식집단(과나 팀)과 비공식집단으로 구분된다.

집단은 대면적 접촉이 가능하며 공동의 목표를 달성하려 하고, 집단구성원 상호간에 상호 작용을 하며 상호 의존한다. 공식적 집단에서 과(課) 등은 개인별로 업무가 할당되어 있으며, 팀 조직은 상호 작용과 공동의 성과 및 평가가 더욱 강조된다.

집단은 그것이 공식적 집단이든 비공식 집단이든 간에 집단으로서 기능을 발휘해야 하며 집단으로서 팀워크(teamwork)가 요구된다.

건강한 조직에서는 팀워크가 좋다

건강한 조직에서는 집단의 팀워크가 잘 발휘된다. 개인으로서보다는 팀원으로서 팀 플레이를 더 잘한다. 집단에서 지도자나 과장 등 직위자의 리더십 발휘는 팀으로서 기능을 발휘하는 데는 필수적이다.

건강한 조직에서는 집단이 집단으로서 집단성을 갖춘다. 직접 대면이 가능한 정도의 규모, 적절한 개방성과 폐쇄성이 유지될 때 집단성은 유지되고 발전한다.

건강한 조직에서 집단구성원 상호간에는 직접적인 접촉과 대면이 가능하므로 구성원 개인간 친밀도가 매우 높으며 상호이해와 협조가 순조롭게 진행된다. 따라서 팀워크가 자연스럽게 형성된다.

건강한 조직에서 집단구성원들은 집단응집성이 높고 집단규범을 잘 준수한다. 집단구성원 간에는 우리라는 의식이 강하며 집단이 요구하는 규범을 잘 준수한다. 그리고 집단구성원은 어려움과 기쁨을 함께 나누려 한다.

병든 조직에서는 팀워크가 좋지 않다

병든 조직에서는 집단의 팀워크가 잘 발휘되지 않는다. 개인적으로는 우수하나 그들은 집단 속에서 능력을 발휘하지 못한다. 모든 집단에서는 집단 지도자의 리더십 혹은 직권성이 발휘되지 않으면 팀워크가 유지되지 않는다.

집단이 집단으로서의 특성을 갖지 못할 때 조직은 병이 든다. 집단의 규모가 너무 크거나 구성원 간에 대면적인 접촉이 없으면 집단성을 상실한다. 집단이 지나치게 개방적이거나 폐쇄적이어도 집단성을 훼손한다. 집단구성원 사이에 인간 관계가 나쁜 경우 오히려 상호 이해와 협조가 어렵고, 따라서 팀워크가 형성되지 않는다.

병든 조직에서는 집단구성원들은 집단응집성이 낮고 분열적이다. 즉 집단구성원 사이에는 우리라는 의식이 낮으며 그들은 집단으로부터 이탈하려 한다. 그리고 병든 조직에서는 집단 규범에 대한 순응도가 낮다. 즉 집단 규범을 잘 준수하지 않는다.

집단 팀워크의 증진 방안

집단 형성의 초기에는 집단으로서 정체감을 확립해야 한다. 즉 그들이 속해 있는 집단이 어떤 성격의 집단인지 확인되어야 한다. 다음으로는 집단으로서 응집력을 높이도록 노력한다. 응집력을 높이기 위해서는 감수성 훈련 등의 방법을 활용한다. 마지막으로는 구성원들의 능력을 개발하는 데 노력해야 한다. 집단구성원으로서 역할을 하기 위해 요구되는 능력을 개발해야 한다. 외형적으로 집단 간의 경쟁과 갈등은 집단을 관리하는 데 매우 중요하다.

질병 집단분열증

집단분열이란 집단으로서 응집되지 않고 낱개로 쪼개어진 것을 말하고 이러한 경향을 '집단분열증'이라 한다. 집단분열은 집단응집력과 반대되는 개념이다.

'집단분열증'은 집단구성원이 지나치게 이기적일 때, 집단구성원 간에 개인적 흥미와 매력이 없을 때, 개인적 신뢰가 부족할 때, 개인 간 이해 관계의 충돌을 해소하지 못할 때 집단이 집단화하지 못하고 개별화하는 것이다. 또한 집단 목표에 대한 동의가 부족하거나 집단구성원 간에 상호 작용이 부족하면

분열증이 나타난다.

집단분열이 커지면 집단으로서 역할이나 기능을 수행하지 못하고 팀워크는 감소한다. 팀워크가 잘 되지 않으면 팀의 성과나 실적이 낮아지고 결과적으로 조직 전체의 성과와 실적이 낮아진다.

집단분열증을 치료하기 위해서는 집단분열 현상을 감지한 후 이를 정확히 진단한다. 집단구성원 간의 상호 작용이 증가하도록 상급 관리자의 관리적 노력이 요구되며, 집단의 성과나 실패가 집단구성원 간에 공정하고 합리적으로 보상되도록 관리해야 한다.

3 집단 간 갈등

건강한 조직에서는 집단 갈등이 순기능을 발휘하나 병든 조직에서는 집단 갈등이 역기능적이다.

집단 갈등의 의의

갈등은 인간이 모여 사는 사회, 특히 조직 사회에서는 어디에서든지 볼 수 있는 보편적인 현상이다. 그런데 갈등을 보는 학자들의 시각은 긍정적인 견해와 부정적인 견해가 공존한다.

조직에서 갈등(conflict)이란 조직 내 행동 주체 간의 대립적 내지 적대적인 상호 작용이나 교호 작용을 의미한다. 이 중에서 집단 갈등은 조직 내의 특수한 지위를 갖는 집단 간의 갈등을 의미한다. 그것은 공식구조에 따른 부서별 갈등과 자연발생적으로 형성된 비공식집단 간에 발생한다. 예를 들어 사기업에서 노사 간의 갈등 현상은 늘 관찰되는 현상이며, 그 밖에 교육기관에서 교총과 전교조 소속 교원 간의 집단 갈등이 발견되고 있다.

건강한 조직의 집단 갈등

건강한 조직에서는 개인 간에 신뢰가 높으며, 이를 바탕으로 집단 간의 신뢰도 높다. 이러한 상대방에 대한 강한 믿음을 바탕으로 조직은 화목한 분위기가 유지된다.

건강한 조직에서는 집단 간의 갈등은 항상 있으며, 이것은 잘 해결되고 조직 발전의 촉매제가 된다. 우선 갈등이 잘 표출된다. 갈등이 노출되면서 조직 내에 무엇이 문제인지를 알려준다. 따라서 문제를 해결하는 과정에서 다소 긴장이 있기는 하지만 이로 인해 조직이 살아 있다는 것을 느끼게 한다.

갈등이 발생하면 자발적으로 집단 간에 경쟁이 유도된다. 집단 간에 해결 방안을 고려하면서 조직은 발전하게 된다. 그리고 이들이 해결되면서 집단 간, 그리고 부서 간에 협력적 분위기가 농후해진다.

병든 조직의 집단 갈등

병든 조직에서의 인간 관계를 보면 구성원 간, 집단 간, 주요 이해관계자 간 불신이 팽배하다. 개인적·직업적 편견으로 인해 대상 집단에 대한 이해가 결여될 때가 많다. 그리고 집단은 파벌화하여 집단의 이익을 쟁취하기 위한 수단으로 전락한다.

병든 조직에서는 조직 내에서 집단 간 또는 부서 간의 갈등이 많으며, 갈등이 해결되지 않고 잠재적으로 존재하여 언제 폭발할지 알 수 없다. 때로는 집단 간 갈등이 악화되어 집단 간에 긴장 관계가 지속되며, 이로 인해 조직이 화합되지 않는데 이 현상이 장기화되거나 심하면 조직 파괴의 중요한 원인이 된다.

병든 조직에서 가장 심한 갈등은 고용자와 피고용자의 관계인 노사 간의 갈등과 불신이다. 상대방에 대한 불신과 갈등이 심해지면 급기야 조직이 파멸되는 경우도 있다.

조직 내 집단 갈등 해결 방안

조직 내 집단 갈등을 해소하기 위해서는 갈등의 원인을 제거해야 한다. 인간적 방법으로는 욕구를 조절하며 감수성 훈련 등을 통해 상대방을 이해한다. 그리고 계속하여 대화함으로써 공감대를 형성해야 한다. 관리적으로는 의사소통의 활성화를 도모하며 제3의 공정한 기관이 이를 조정하고 중재한다. 끝으로 구조적으로는 집단 간 협력 체제를 제도화(예: 노사협력위원회)하는 것이다.

질병 파벌주의

'파벌주의'란 파벌이 형성되고 상당 기간 유지되면서 독자적인 세력을 구축하여 조직 내외에 영향을 미치는 현상을 말한다. 구성원들이 작은 단위 부서는 물론이고 한 부서를 벗어나 하나의 조직 속에서 강력한 우리 의식을 갖는 망(network)을 형성하는 경우가 있다. 이러한 망이 비교적 체계적이고 오래 지속되고 끈질기면서 다른 유사한 성격의 집단과 이해 관계가 상반된 상태에서 서로 자기의 이익을 위해 싸우는 경우 이를 파벌이라 한다.

조직 내에는 공식적으로든 비공식적으로든 집단이 형성되어 운영된다. 비공식적으로는 지연, 학연, 혈연, 근무 연수, 선후배, 정치적 배경, 이념적 배경 등을 들 수 있다. 집단이 그 정도를 벗어나 조직 내에서 영향력을 행사할 때 파벌이 등장한다.

파벌주의의 폐해는 특정 파벌이 만들어지면 조직 내에 우후죽순 격으로 다른 파벌들이 생겨나며 조직 내 관리 과정에서 부정적 영향을 미치게 된다. 특히 인사, 예산, 정보자원 등의 배분 과정에서 특혜와 피해 현상이 나타난다. 이것은 조직 전체의 목적을 달성하는 데 해로우며 건전한 조직문화를 해친다.

따라서 파벌주의를 척결하는 것은 조직관리의 중요 관심사인데 일단 파벌이 형성되어 운영되고 있으면 최고관리자는 단기적으로는 파벌 간의 균형을 이룰 수 있도록 관리하고, 장기적으로는 파벌 해체를 위한 관리적 · 제도적 노력을 기울인다.

제 3 절 구성원 개인과 조직 관계의 건강성

1 조직일체감

> 건강한 조직에서는 구성원의 조직에 대한 일체감(혹은 충성심)이 높으나 병든 조직에서는 그것이 낮다.

조직일체감(혹은 충성심)의 의의

조직일체감(organizational identity)이란 조직과 구성원인 개인이 어느 정도 동질감을 느끼는가의 정도나 자신이 조직에 관여하는 정도, 그리고 조직을 떠나려고 하지 않는 정도를 말한다. 조직일체감(혹은 조직 관여)은 조직 목표와 개인 목표의 조화나 일치 정도로 측정할 수 있다. 한편 조직의 충성심(organizational loyalty)이란 조직에 대해 조직인이 자신을 어느 정도 희생할 수 있는가의 정도를 말한다.

현대 사회가 관료제화되면서 전체적으로 개인은 왜소해지게 되었는데, 거대한 조직에 근무하는 직원일수록 조직일체감은 낮아진다. 더구나 조직인들의 개인주의적 경향이 높아가고 있어 이것이 현대 조직에서 일체감이나 충성심과 관련하여 커다란 문제를 야기한다.

건강한 조직에서는 조직일체감이 높다

건강한 조직에서는 조직구성원들의 대부분이 조직에 대한 일체감이 크며 조직과 자신이 하나라고 느낀다. 또한 건강한 조직에서는 조직에 대한 충성도가 매우 높다.

건강한 조직에서 조직구성원들은 자기가 조직의 주인이라고 생각하며, 조직의 목표 달성에 더 많이 기여하고, 조직을 자발적으로 떠나려 하지 않는다. 조직인들은 자신의 성장 및 번영과 조직의 그것들이 함께 한다고 보기 때문에 자신이 실패하면 조직도 실패한다고 본다.

건강한 조직에서는 조직의 성공, 위신, 명성을 위해서는 자신을 어느 정도까지는 희생할 수 있다고 본다. CEO나 임원 등은 물론이고 중하위 관리자들도 조직을 발전시키고 성공시키는 데 주역이 될 수 있다고 본다. 조직이 부도 위기에 처했을 때 월급(임금이나 보수)의 일부를 반납하는 것이 좋은 예이다.

병든 조직에서는 조직일체감이 낮다

병든 조직에서는 조직과 조직구성원의 일체감이 매우 낮다. 조직의 성장과 자신의 성장은 무관하며, 조직과 자기는 별개의 존재로서 인식되고 구성원들은 공동체 의식이 없어 모래알과 같다.

병든 조직에서는 조직구성원은 자신이 직장(회사)의 종이며 수단일 뿐이라고 생각한다. 그들은 직장을 돈을 벌어 생계를 잇는 수단으로만 생각한다. 직장이 아닌 공동체 조직(예: 교회나 절)에서 구성원들은 외견상 어쩔 수 없어 참여할 뿐이지 깊이 관여하지는 않는다. 조직구성원들은 조직에서 소외감을 크게 느낀다.

일체감이 낮은 이유는 구성원이 조직의 주요 결정에 미치는 영향력이 적거나 책임이 없기 때문이다. 병든 조직에서 조직관리의 모든 책임은 최고관리자(CEO)나 윗사람 등 일부에만 있으므로 자신이 책임질 일은 없다고 본다. 다시 말해 구성원은 조직의 주요 결정에 방관자일 뿐이다.

조직구성원들은 조직의 성공, 위신, 명성을 위해 자신을 희생할 수 없다고 본다. 조직이 성장하고 번영할 때 얻게 되는 열매로부터 다른 사람이 주로 이득을 본다고 믿기 때문이다. 병든 조직에서는 조직이 부도 위기에 처했을 때 먼저 이직하려는 사람이 많다.

조직일체감 증진 방안

조직일체감을 높이기 위해서는 신참자에 대해 조직의 가치나 사명을 확실하게 심어 주는 것이 필요하다. 또한 조직의 중요한 의사결정에 구성원들이 참여할 수 있는 체제를 만들어야 한다. 즉 조직인에게 직무설계를 통해 조직과의 일체감을 느끼게 할 수 있다.

조직의 실적에 대한 보상은 구성원 모두에게 공정하게 배분된다는 규범과 관례가 형성되어야 한다. 그리고 재직자에게 승진의 기회나 교육 훈련의 기회를 충분히 제공해야 한다.

질병 조직소외감

상당수의 조직구성원은 조직에서 소외감을 느낀다. 조직소외감이란 여러 가지 의미를 포함한다. 이 중에서 조직의 일체감과 관련이 있는 조직 소외는 무력감, 무의미성, 그리고 고립감이다. 무력감은 조직인이 조직의 여러 활동에 별로 영향을 미치지 못하고 있다고 느끼는 것이다. 무의미성은 조직인이 자기가 하고 있는 일이 본인이나 조직에 어떤 의미를 갖고 있는지 모르는 것이다. 고립감은 조직인이 그가 접촉하는 동료, 상관, 그리고 부하로부터 고립되어 있다고 느끼는 것이다.

조직 소외 현상은 대규모 조직이나 공식적 조직에서 두드러지게 나타난다. 한편 조직설계가 미숙하여 조직인이 소외감을 느낄 수 있다. 특히 소외감을 많이 느끼는 조직인이 있다. 조직 외부의 환경에서 소외를 많이 당하는 사람은 조직 내에서 소외되면 그것을 더욱 심하게 느낀다.

조직 소외 현상이 팽배하면 조직의 일체감이 줄고 충성심이 낮아지며 직무만족도나 직무몰입도가 낮아지게 된다. 결국은 조직효과성이 낮아지고 조직의 실적이나 업적이 낮아진다.

조직 소외 현상을 해결하기 위해서는 상급자나 조직관리자의 부하 개개인에 대한 세심한 배려 등 관리가 요구된다. 조직 내 의사결정 과정에 참여를 확대하고 직무설계를 통해 소외감을 줄인다.

2 보상 체제(상벌관리)

> 건강한 조직에서는 상벌(보상과 처벌) 체제가 적절하며 공정하나 병든 조직에서는 그것이 과잉하거나 과부족하며 불공정하다.

조직 상벌관리의 의의

사람들은 상을 받는 행동은 되풀이하고 벌을 받는 행동은 피하며, 상과 벌이 없는 행동은 버리거나 잊는다. 다시 말해 한 사람의 행동의 결과는 그의 미래의 행동을 결정하는 데 핵심적인 역할을 한다.

개인이 행동을 학습하는 과정에서는 처벌은 소극적인 강화 수단이며 보상은 적극적인 강화 수단이다. 관리자라면 직원의 다양한 행동에 대해 보상하거나 처벌하거나, 아니면 무시하는 입장을 갖는다. 관리자가 무엇을 선택하는가에 따라 작업자들의 생산성, 만족, 개발, 그리고 궁극적으로 전반적 작업환경 분위기에 중요한 영향을 미칠 것이다.

관리자가 제공하는 보상과 처벌은 조직에 따라 다르며 개인에 따라 차이가 많다. 보상과 처벌은 조직의 보상 체제, 인사제도, 그리고 통제 체제와 관련이 있다. 개인들이 조직이 제공하는 보상과 유인을 어떻게 지각하는가는 미래의 행동에 영향을 미친다.

건강한 조직에서는 상벌관리가 적절하고 공정하다

건강한 조직에서 관리자들은 처벌보다는 보상을 더 많이 활용한다. 보상은 적극적인 강화 수단이기 때문이다. "칭찬은 고래도 춤을 추게 한다"는 말이 있듯이 적극적인 유인을 제공하는 보상이 훨씬 효과적이다.

'신상필벌'이라는 말이 있다. 상벌관리의 엄정성을 일컫는 표현이다. 건강한 조직에서 조직이 개인에게 제공하는 보상과 처벌은 개인의 행동과 밀접한 인과 관계가 있다. 보상과 처벌이 그 전의 개인의 행동이나 업적과 관련이 클수록 미래의 행동에 큰 영향을 미친다.

건강한 조직에서 보상과 처벌은 다른 사람과 비교할 때 비교적 공정하게 이루어진다. 동일한 행위에 대해 동일한 상벌을 받는 것이 공정하고 형평성이 있는 것이다. 직원에 대한 징계는 공정하며 각종 인사 제도가 적절하게 구비되어 절차가 마련되어 있고 적법한 행위가 이루어진다.

병든 조직에서는 상벌관리가 과잉 혹은 과부족하며 불공정하다

병든 조직에서 관리자들은 보상보다는 처벌을 더 많이 활용한다. 그런데 처벌은 소극적인 강화 수단이다.

병든 조직에서 조직이 개인에게 제공하는 보상과 처벌은 개인의 실적이나 행동과 밀접한 인과 관계가 없다. 실적과 상벌이 별로 무관하거나 적시에 상벌이 제공되지 않아 지나치게 시차가 크다면 효과는 반감한다.

병든 조직에서 보상과 처벌은 다른 사람과 비교할 때 불공정하게 이루어진다. 특히 직원에 대한 징계, 해직 등 불이익을 주는 행위가 부적절하고 부적법하게 진행되는 경우가 많으며 구제 절차가 미약하다. 이는 특히 열심히 일하는 조직구성원의 불만을 야기한다.

성공에 대한 보상은 없고 실수에 대한 처벌이 강한 조직에서는 일시적으로 조직을 긴장시키는 장점은 있으나, 부정적 보상 체제로 인해 책임 전가와 책임 회피 현상이 강하게 표출되며 복지부동의 분위기가 확산된다.

조직 상벌관리의 효과성 증진 방안

상벌은 제도화되고 체제화되어 관리되어야 한다. 실적의 정확한 평가를 바탕으로 보상과 통제 관련 인사 제도(보수, 연금, 후생 제도 등) 및 통제 체제와 제도를 구비해야 한다. 제도가 구비된 후에는 관련 관리자들은 공정하고 효율성 있게 상벌 제도를 집행해야 한다.

질병 무사안일주의

'무사안일주의'는 조직인이 책임을 회피하기 위해 위험 부담이 있거나 새로운 일을 회피하는 소극적 태도이다. 무사안일주의는 '무사안동주의(無事眼動主義)' 등 풍자적인 언어로 묘사되기도 하는데, 후자는 눈동자를 굴리면서 눈치를 살피는 태도를 지칭하는 표현이다.

무사안일주의는 소극적 보상관리가 심할 때일수록 발견하기 쉽다. 주어진 임무를 규칙에 맞게 수행하는 것을 중요하게 여기는 관료제 조직에서 실수는 그야말로 치명타라고 할 수 있다. 만약 규칙을 어길 경우 현재의 지위를 잃게 될지도 모른다. 그렇다 보니 누구나 책임을 떠맡기 싫어하게 되고 담당 이외의 업무나 돌발적인 사건에는 가담하지 않으려고 한다.

무사안일주의가 팽배하면 조직에서 제도 및 관리의 개선과 혁신이 어려워지게 되어 조직의 성장과 발전에 장애가 된다.

무사안일주의를 해소하기 위해서는 적극적 업무 수행에 따른 실수는 용납하는 책임 및 보상관리가 요구된다. 책임관리에 대한 기준은 성과, 실적과 과업 수행 과정에서의 적극성 등이어야 한다.

3 조직 권력의 행사와 수용

> 건강한 조직에서는 권력의 행사와 수용이 합리적 · 합법적이나 병든 조직에서는 그것이 비합리적이고 불법적이다.

권력(권한)의 행사와 수용의 의의

권력(power)이란 어떤 개인 또는 집단이 다른 개인 또는 집단의 행태에 영향을 미칠 수 있는 능력이다. 권력은 인간 행동의 관계를 형성하는 데 영향을 준다. 권력 관계는 의존 관계라 할 수 있다. 권력을 행사하는 자와 행사된 권력을 수용하는 자의 관계를 의미하기 때문이다(오석홍, 2005: 312-314).

권한은 조직의 규범에 의해 정당성이 승인된 권력이다. 조직에서 공식적 역할에 결부된 가장 중요한 권력이 권한이다. 권력 행사 또는 명령에 대한 반응은 다양하다. 우리는 이를 복종이라고도 하며 순응이나 수용이라고도 한다.

조직의 유형이나 형태에 따라 권력 행사의 방법과 조직인의 반응 방법이 다르다. 대부분의 공식적 조직에서는 합법적 권력을 행사한다. 특히 기업 조직은 보상적 권력과 타산적 반응을 한다. 종교 조직에서는 도덕적으로 관여한다. 강제수용소 같은 조직에서는 강제적 권력이 주를 이룰 수 있으나 대부분의 조직에서는 그렇지 않다.

건강한 조직에서는 합법적 권력을 행사한다

건강한 조직에서 조직은 합법적 권력을 행사한다. 이에 대해 부하들은 상사의 명령을 일체화하거나 내재화한다.

건강한 조직에서는 합리적·합법적 권력의 행사가 일반화되어 있다. 상관은 법이나 제도에 의해 부여된 권한에 따라서 부하에게 명령하고 지시한다. 주어진 일정한 범위에서 재량권을 행사하며 재량권 행사는 조직의 관행이나 사회적 상식을 뛰어넘지는 않는다.

또한 건강한 조직에서는 부하들이 상관의 권한 행사에 대해 이를 자신과 일체화하거나 자신의 가치 속에 내재화한다. 상관의 정당한 명령이나 지시를 부하들은 수용하며 받아들인다. 상관의 명령이나 지시가 정당한지 않는지 판단하기 어려운 때도 부하들이 이를 믿고 수용하는 경우가 많다.

병든 조직에서는 강제적 권력을 행사한다

병든 조직에서 조직(상관)은 주로 강제적 권력을 행사하고 이에 대해 부하들은 소외적인 반응을 보이는데 즉 굴복한다.

상관은 주로 강제적 힘에 의존해 권력을 행사한다. 강제적 권력은 기본적으로 무력이나 위협, 감봉이나 해고 및 징벌과 같은 부정적인 보상으로서 이를 따르지 않으려는 자에 대해 행사하는 권력이다.

병든 조직에서는 상사가 권한을 남용하거나 일탈한다. 상사는 정당한 권력을 초과하여 권한을 행사하고 부하들에게 이를 강요한다. 때로는 정당한 권한이 없는데도 불구하고 권한을 행사하기도 한다. 상관이 권력을 사유화하기도 하며 작은 권한을 휘두르려 한다.

병든 조직에서는 부하들이 상사의 권한 행사에 대해 굴복하고 때로는 소극적으로 거부하며 회피한다. 상관의 명령이 불법성과 부당성이 확실한 경우에는 외형적으로는 복종하되 내면적으로 체념하면서 수용한다.

권력의 행사와 수용의 합리화 방안

권력이나 권한 사용을 주기적으로 점검하고 통제할 필요가 있다. 즉 내·외부적 통제 체제의 구축이 요구된다. 권한 남용이나 권한 일탈에 대해서는 적절한 책임을 물으며, 이때는 수용자의 문화적 차이를 고려한다. 권한 행사를 합법적으로 할 수 있는 규범이 지켜지도록 해야 한다.

질병 불법적 권력 행사로서 권한 남용과 권한 일탈

상관이나 상사 또는 특정 직위자가 자기에게 주어진 권한을 불법적으로 행사할 때가 있다. 자신의 공적 지위와 역할에서 나오는 영향력을 사적 목적을 위해 사용하는 것이다. 이들은 권한 남용과 권한 일탈 등으로 구분된다. 예컨대 상사가 부하에게 강압적으로 돈을 빌리고 갚지 않는 경우, 상사의 부하에 대한 성추행, 상사의 압력을 받아 행하는 각종 불법적 인가나 허가 행위 등을 들 수 있다.

권한 남용과 권한 일탈 현상은 직위자의 권력욕 등 심리적 요인에서 비롯되는 경우가 많다. 즉 강한 권력 욕구를 갖는 사람들은 불법적인 행동을 하기 쉽다. 또한 제도적으로 권력 욕구를 제어할 수 있는 장치가 없을 때 발생한다.

불법적 권한 행사가 많아지면 조직 내에 제도나 법규를 준수하려는 태도가 줄어들며 기강이 문란해진다. 또한 부하의 상사에 대한 신뢰가 떨어지며 결과적으로 불신과 비리가 많아져서 대외적 신뢰도 떨어진다. 그리고 불법적 권력 행사는 상관의 우월한 지위와 영향력을 이용하여 다수 약자의 인권을 침해하는 반사회성을 띤다.

따라서 불법적 권한 행사를 막기 위해서는 조직 내에 법이나 제도를 지키려는 조직문화를 형성하고 유지해야 하며 이를 위해 불법적 행위에 대한 책임의 강화와 최고관리자부터 솔선수범하는 태도가 요구된다.

4 조직사회화

> 건강한 조직에서는 조직인이 적응을 잘하고 병든 조직에서는 조직인이 적응을 잘 못한다.

조직사회화의 의의

조직사회화란 특정 조직사회의 모든 구성원이 그 사회의 규범과 규칙에 맞추어 행동하도록 기대되며 이를 받아들이는 정도를 의미한다. 사회 질서는 이러한 규칙에 따라 사회구성원들이 그들의 지위에 부과된 역할을 적절히 수행하는가에 달려 있다.

그런데 조직구성원들의 사회 생활을 살펴보면 기대에 부응하는 정상적 행위가 있는 반면, 그에 벗어난 비정상적인 행위도 있다. 사회적 기대에 벗어난 사고와 행동을 할 때 이를 일탈이라고 한다.

조직에서 규범에는 법령이나 정관, 그리고 각종 근무 규율 등 구체적 규범도 있고, 조직의 이상과 가치 등 추상적인 규범도 있다.

건강한 조직에서는 직원이 적응을 잘한다

건강한 조직에서는 직원들이 입사하여 어느 정도 기간이 지나면 조직이 바라고 기대하는 규범에 잘 따르며 적응한다.

건강한 조직에서는 직원들이 대부분 조직이 강제하는 규범들을 잘 따르고 수용한다. 그들은 법이나 규정에 따라 행동한다. 더 나아가 조직이 추구하는 이상이나 가치, 정신을 이해하고 수용하며 이에 따라 행동한다.[1)]

건강한 조직에서 직원들이 적응을 잘하는 이유는 직원을 선발할 때 건강한 사람을 채용하기 때문이며, 입사 후에도 사회화를 위해 회사 차원에서 노력하며 주위 동료나 상사들도 이러한 분위기를 조성하기 때문이다.

직원이 적응을 잘하면 조직구성원에 대한 관리 비용이 감소하며, 업무 추진 과정에서 좀 더 단기간에 업무 효율을 높일 수 있다.

---

1) 예컨대 현대그룹 기업에서는 현대 정신을 이해하며 이를 실천한다.

병든 조직에서는 업무에 부적응하는 직원이 많다

병든 조직에서는 업무 부적응자가 많다. '업무 부적응'이란 조직에서 근무를 성공적으로 지속하지 못하거나 그럴 소지를 갖고 있는 현상을 의미한다.

업무 부적응의 내용으로는 타인의 도움이 없으면 맡은 업무를 잘 수행하지 못하거나 조직의 규범에 어긋나는 행위를 하며, 나아가서 조직의 가치를 따르지 못하는 행위를 하는 것을 모두 포함한다. 때로는 사고를 치는 자들을 의미하기도 한다.

업무 부적응자는 첫째로 입사 초기부터 업무 부적격자가 선발되어 채용되는 경우에 발생하며, 둘째는 조직이나 조직구성원이 조직사회화를 위한 특별한 노력을 하지 않아서 발생한다.

업무 부적응자가 많으면 이들을 타인이 도와 주도록 하거나 징계를 하며 퇴직시켜야 하므로 추가적인 관리 비용이 소요된다.

조직사회화 향상 방안

조직에서 조직사회화를 잘하려면 조직구성원(직원)이 처음 입사하기 전 조직의 가치에 적합하고 직무를 잘 수행할 수 있는 적격자를 선발하여 임용하며, 일단 임용되면 그들을 위한 사회화 교육을 시키고, 그들이 재직 중에도 조직사회화를 위한 관심을 기울이도록 하며 부적응이 계속될 때는 퇴직하도록 한다.

질병 조직일탈

'조직일탈'이란 조직 부적응 현상 중에서 특별히 조직의 규범을 지키지 않는 행위로서 여기에는 조직의 정상적인 이익을 해치는 것도 포함한다. 즉 조직일탈이란 조직의 강제적 규범을 저버리는 행동을 하여 조직으로부터 징계 등 부정적 보상을 받는 것으로 그 정도가 심하면 조직에서 강제 퇴직하며 민사상·형사상 책임을 묻기도 한다.

이런 행위로는 업무방해죄, 뇌물수수죄, 폭행죄, 성추행죄, 그리고 인권침해죄 등을 들 수 있다.[2)]

조직일탈자가 많으면 인력의 관리라는 면에서 추가적 비용이 발생하며, 대외적으로는 조직의 이미지가 부정적으로 확산되므로 조직은 고객들로부터 외면당하기 쉽다.

조직일탈을 해결하기 위해서는 전체적으로 건전한 시민 정신을 가지도록 교육하며, 해당자에 대해서는 상담과 교육을 통해 일탈을 방지하고, 일탈의 정도가 심할 때는 강력한 교화 작용 및 처벌을 통해 조직으로부터 일탈자를 배제시켜야 한다.

제 4 절 조직의 가치와 윤리적 건강성

1 조직의 윤리

건강한 조직은 윤리적이나 병든 조직은 비윤리적이다.

2) 예컨대 조직의 핵심 이익인 제품의 설계 도면을 외국의 다른 경쟁사에 팔고 사적 이익을 취한 자는 해당 회사로부터 축출될 뿐만 아니라 국가로부터 형사상의 범죄로 재판에 회부된다.

윤리의 의의

윤리(ethics)란 일반적 또는 보편적으로 받아들여지고 실천되고 있는 개인 행동에 관한 일련의 기준 내지 표준이다. 조직에서는 구성원들에게 기대되는 일련의 윤리가 있다. 일반적으로 조직에 적용될 수 있는 윤리가 존재한다.

윤리는 궁극적으로 개인에게 귀속됨에도 불구하고 개인 윤리가 타인의 윤리에 전염되고 감염되기 쉬워서 조직에서의 윤리 문제를 개인적 수준에만 맡길 수는 없다. 따라서 정부 수준에서는 공직 윤리를, 기업 수준에서는 기업 윤리를 강조하며, 국제적으로는 조직 윤리 문제가 국제 사회의 관심사가 되고 있다.[3]

건강한 조직은 윤리적이다

건강한 조직에서는 사람들이 매우 윤리적이며 도덕적이다. 조직에서 공과 사는 엄격하게 구분된다. 조직 내에서 인권, 즉 인간의 존엄성이 보장된다. 부정과 부패가 없으며, 제품과 서비스의 안전도가 높고, 조직활동은 환경 친화적이며, 그리고 조직생활에서는 의사결정의 투명성이 보장된다. 건강한 조직은 이해관계자나 고객을 배려한다.

건강한 조직에서는 윤리 문제를 조직 차원에서 제도화한다. 정부 조직에서는 공직자윤리헌장을 제정하며, 기업에서는 기업별로 윤리강령을 제도화하여 모든 조직인에게 명시적으로

---

3) 예컨대 OECD에서는 1997년 12월 'OECD 뇌물방지협약'을 체결했으며, 그린 라운드(Green Round)를 통해 국제적으로 환경윤리 문제를 강조하고 있다. 그리고 국제투명성기구(TI)에서는 매년 국가별 청렴도를 발표하고 있다.

윤리를 지키도록 요구한다. 이런 윤리의 제도화는 조직의 사회적 책임을 확보하며 공신력을 보여 주는 것이다. 또한 건강한 조직에서는 조직 윤리를 전담할 조직이나 기구를 만들어 체제를 구축하기도 한다.

병든 조직은 비윤리적이다

병든 조직에서는 비윤리적 행위가 곳곳에서 발견된다. 제품과 서비스의 조직에서 공과 사는 엄격하게 구분되지 않는다. 조직 내에서 인권, 즉 인간의 존엄성이 무시된다. 부정과 부패가 많으며, 제품과 서비스의 안전도가 낮고, 조직활동은 환경친화적이 아니며, 그리고 조직생활에서는 의사결정의 투명성이 보장되지 않는다. 병든 조직은 이해관계자나 고객을 배려하지 않는다.

부정부패는 조직 윤리의 비윤리적 상태를 나타내는 대표적인 현상이다. 부패는 개인 부패와 조직 부패로 구분하는데, 전자는 조직인 개인의 부패로서 자신의 직무와 직접·간접으로 관련된 권력을 부당하게 행사하여 개인 이익을 추구하거나 다른 사람으로 하여금 이익을 얻도록 하며 조직의 이익을 해치는 것을 말한다. 후자는 조직 수준의 부패를 의미한다.

병든 조직에서는 조직 윤리에 대한 관심이 부족하다. 조직이 성장 단계에 있으며 성숙한 조직으로 이행하지 못하고 있다는 반증이기도 하다. 조직이 지나치게 이익 추구를 강조하다 보면 조직 윤리에는 소홀할 수 있다. 한편 조직 윤리 문제 때문에 조직의 사활에 영향을 받는 경험을 하지 않았거나, 조직의 최고관리자(CEO)가 윤리적 관념이 투철하지 못하기 때문에 조직 전체로서의 윤리에 소홀할 수도 있다.

조직 윤리 제고 방안

조직 윤리를 제고하기 위해서는 조직 윤리를 전담하는 기구나 절차를 구비하도록 한다. 또한 조직 윤리를 제도화해야 한다. 그런데 이를 제도화하는 데까지는 상당한 시간이 걸린다. 제도화의 종류로는 윤리강령, 윤리규범 실천지침, 윤리적 행동원칙으로 구분할 수 있다. 이들에는 이해관계자에 대한 책임과 의무를 규정하며, 인간성, 사회성, 도덕성 및 공정 분배를 기본 정신으로 하고 "우리는 누구이며, 무엇을 하며, 무엇을 위해, 무엇을 믿는가?"를 나타낸다.4)

조직의 문화를 윤리를 강조하는 문화로 탈바꿈할 필요가 있다. 이때는 CEO의 관심과 노력이 필요하다.

사례 신세계의 윤리 경영

1930년 대한민국 최초의 백화점으로 신세계백화점이 태어났다. 1990년 이후 윤리 경영을 도입하여 급속한 성장을 거듭하고 있는 신세계백화점은 2007년 말 매출 13.8조, 전체 임직원 수 2만여 명의 기업 그룹이다.

신세계백화점은 1999년 윤리 규범 및 실천 지침을 제정한 이래 윤리 규범을 바탕으로 한 신경영 이념을 선포하고 기업윤리실천사무국을 신설하는 등 윤리 경영에 매우 깊은 관심을 보여 왔다.

2003년부터는 윤리 경영에 관한 공감대를 형성하기 위해 내부 임직원에 대한 교육 체계를 정비했으며 외부 이해관계자에

---

4) 예컨대 보잉사(Boeing Inc.)는 윤리 및 기업행위 규정(Ethics & Business Conduct)을 두고 있다.

게도 윤리경영을 적극 홍보했다. 2006년부터는 윤리 경영을 사회 공헌의 측면에서 대외적으로 확산하기 위한 노력을 하고 있다. 예컨대 2006년에는 자발적인 개인 기부를 강조하는 '희망배달 캠페인'을 실시했고, 2007년에는 희망장난감도서관을 개관했다.

출처: 국민권익위원회(2009: 189-192).

질병 조직부패

'조직부패'는 조직에서 부정부패가 소수 개인에 국한되지 않고 많은 조직구성원이 부정부패 행위를 습관적으로 하고 있거나 여러 사람이 한데 얽혀 조직화된 부정부패가 행해지고 있는 경우이다.

병든 조직에서 볼 수 있는 부정부패 유형으로는 업무 거래상 뇌물 공여, 노사 간에 차별적인 노동행위, 마케팅에서 허위·부당 광고, 직원들의 공금 유용, 회계상의 탈세, 기업 정보 누출, 외화 도피 등을 들 수 있다.

조직부패의 원인으로는 부패가 조직화되어서 개인이 이를 거부하기 힘들 뿐만 아니라 부정부패가 조직문화로서 어느 정도 형성 유지되고 있어서 부정부패를 하는 것이 오히려 정상적인 것으로 오해되기 때문이다. 조직을 둘러싼 환경에서 부정부패가 심할 때 더욱 그렇다. 부정부패가 적발되었을 때, 이에 대한 조직 내부적 또는 사회적 처벌이 경미하기 때문에 부정부패를 하려는 유혹을 물리치지 못하는 경우도 많다.

조직문화 수준으로 부정부패가 확산됐을 때 이를 조직부패 암의 말기로 볼 수 있다. 이렇게 되면 그러한 조직은 사멸 직

전이 된다. 따라서 조직부패는 조직의 생명과 직결된다.

조직부패를 제거하기 위해서는 이를 전담하는 기구나 절차를 구비하도록 한다. 또한 조직부패 방지를 제도화해야 한다. 그런데 이를 제도화하는 데까지는 상당한 시간이 걸린다. 그리고 내부고발 제도가 활성화된다면 부정부패가 더욱 쉽게 해소될 수 있다. 조직부패를 척결하기 위해서는 상당수의 조직 구성원을 잘라내야만 가능하다.

2 사회적 책임

건강한 조직은 사회적 책임을 다하나 병든 조직은 그것을 다하지 못한다.

사회적 책임의 의의

조직의 사회적 책임이란 조직이 환경 주체(즉 이해관계자 집단)들의 주체성을 존중하면서 그 직무를 성실히 달성하는 의무를 말한다. 조직의 사회적 책임은 조직의 내부적 책임을 넘어서는 것으로 공공기관보다는 기업이나 사회 조직에 더 적합하다. 사회적 책임의 대상은 넓게는 소비자의 만족과 공헌, 지역사회의 공헌, 종업원의 권익 보호, 관계·거래 기업의 정상적 활동, 일반 사회 기여 등을 포함한다. 여기서는 지역 사회에 대한 공헌(환경 보호 관련 의무 포함)과 기타 일반 사회 공헌을 중심으로 다룬다.

그런데 나라에 따라 사회적 책임의 운영 원칙과 사례는 많은 차이가 있다.

건강한 조직은 사회적 책임을 완수한다

건강한 조직에서는 환경 보호를 위한 활동을 잘하며, 공해 발생을 예방한다. 또한 조직이 지역 사회에서 필요로 하는 각종 서비스와 지원을 아끼지 않는다. 예컨대 지역 사회의 행사에 적극 참여하며, 인근 주민의 고용을 확대하고, 자선단체에 기부하며, 각종 위락시설을 조성하여 주민이 사용할 수 있도록 한다.

이러한 활동을 통해 특정 조직이 지역 사회의 일원으로서 강한 소속감을 갖고 있다는 것을 보여 준다. 친환경적 활동과 친지역 사회적 활동을 통해 조직과 지역 사회가 매우 건강한 관계를 맺고 있다.

특정 조직이 친지역 사회적 활동을 잘하는 이유는 그러한 활동을 통해 사회적 정당성을 인정받으면 조직의 이미지가 개선되고 조직의 존재, 제품의 판매나 서비스의 제공에 도움을 받기 때문이다.

병든 조직은 사회적 책임 의식이 약하다

병든 조직에서는 환경을 파괴하는 행위를 한다. 해당 조직이 제품을 생산하는 조직일 때 그것이 만들어내는 폐기물이나 쓰레기를 몰래 내보내거나 환경을 오염시킨다.

병든 조직에서는 지역 사회 문제에 별로 관심이 없다. 따라서 지역 사회가 필요로 하는 각종 서비스나 지원을 하지 않는다. 지역 사회의 문화・예술・교육활동에 별로 기여하지 않는다. 그리고 지역 주민을 별로 고용하지 않는다.

이처럼 병든 조직이 지역 사회 문제에 별로 관심이 없는 이유는 이들이 사회적 책임을 다하기 위해서는 사회적 경비나 예산이 많이 들며, 이들 재원을 내부 비용으로 충당해야 하고, 특히 CEO의 의식이 약해서 조직의 정책이나 방침으로 확정하지 못하기 때문이다.

사회적 책임의 강화 방안

조직이 사회적 책임을 강화하기 위해서는 사회적 책임을 다하는 조직들에 대한 소비자들의 제품이나 서비스 선호가 좀 더 적극적으로 반영되어야 한다. 이를 위해서는 시민사회단체의 사회적 운동이 필요하다. 또한 정부에서도 이러한 조직에 대해서는 사회적 비용을 내부화할 때 정부 차원의 지원과 혜택(예: 세금 감면 등)을 제공할 수 있을 것이다. 그러나 무엇보다도 조직 자신이 조직의 사회적 정당성을 통해 스스로 만족할 수 있는 분위기를 조성해야 한다. 사회적 책임을 다하는 기업 사례를 독일에서 발견할 수 있다.

사례 독일 기업의 사회적 책임

독일 기업에서는 기업 윤리의 주요 강령을 기업법을 통해 미리 규제한다. 미국이나 일본 기업에서는 자발적 CSR(기업의 사회적 책임) 실행을 외재적으로 알리고 행하는 반면 독일이나 오스트리아에서는 기업법에 의해 이미 어느 정도 정책화되었다.

독일의 사회적 책임에 관한 담론에서는 각종 상을 제정하여 순위를 선정하고 지역 네트워크를 구성한다. 그러한 상으로는 독일최고경제협회가 제정하는 '자유와 책임'상, 경제주간지 『매니저 매거진』이 선정한 '굿 컴패니 랭킹' 등이 있다.

출처: 국민권익위원회(2009: 30-36).

질병 지역사회무관심증

조직은 공간적으로 특정 지역 사회에 근거하여 본부(본사)나 일선 기관(지부)을 설치한다. 따라서 특정 지역 사회와 조직의 관계는 일부 사이버 조직이나 네트워크 조직을 제외하고는 보편적이다.

'지역사회무관심증'은 조직이 뿌리를 두고 있는 지역 사회의 중요성을 경시하거나 무시하는 증상 혹은 망각하는 증상을 의미한다. 지역 사회에 대한 배려, 지역 주민에 대한 고려 없이 조직을 운영하는 것이다.5)

지역사회무관심증의 원인은 조직이 지역 사회 등을 포함하여 사회적 책임 의식이 낮기 때문이다. 이러한 의식은 최고관리자의 의식에 비례한다. 지역 주민의 요구가 없어서 문제 의식을 느끼지 못하는 경우도 있다.

지역사회무관심증은 조직과 지역 사회를 서로 이완되게 하여, 양자 간에 문제가 발생했을 때 협력이 되지 않고 갈등이 해결되지 않는다. 조직은 지역 사회를 경원시하고 지역 사회는 조직을 다른 나라에서 온 이방인으로 생각하기 쉽다.

지역사회무관심증을 해소하기 위해서는 관심 증대를 통한 상생 원리를 인식한 후 서로의 관계 실태를 진단하고 상생할 수 있는 방법을 찾으며 이에 따라 하나씩 실천하는 것이다.

5) 예컨대 농촌에 있는 조직은 농번기에 부족한 일손을 어느 정도 일시적으로 대신해 줄 수 있다.

Chapter 05 개방 체제의 건강

개방 체제는 조직을 환경과의 관계에서 수동적인 관계는 물론 적극적인 관계도 고려하는 접근법이다. 개방 체제 기능의 최적 상태는 환경에 대한 개방성과 적응성, 혁신과 개선 등 성질을 중심으로 다루기도 하고, 조직과 다른 조직과의 관계, 유기체로서 조직 자체의 생존 문제를 다루기도 한다.

건강한 조직은 환경과의 관계에서 개방적이며 환경 변화에 대한 적응을 잘한다. 그리고 건강한 조직은 위기를 기회로 받아들인다. 건강한 조직은 혁신과 개선이 체계적이며 생활화되어 있다. 건강한 조직은 다른 조직과 우호적이다. 건강한 조직은 자율성이 크고 조직의 규모가 적절하며 고객을 존중한다.

병든 조직은 폐쇄적이며 환경 변화에 적응을 잘 못한다. 병든 조직은 위기가 조직에 위협이 된다. 병든 조직은 혁신과 개선이 비체계적이고 분산적이다. 병든 조직은 매너리즘에 빠져 있으며, 다른 조직에 적대적이고 의존성이 크다. 병든 조직은 그 규모가 지나치게 크거나 작으며 고객을 무시한다.

[그림 5-1] 개방체제의 건강과 최적 상태

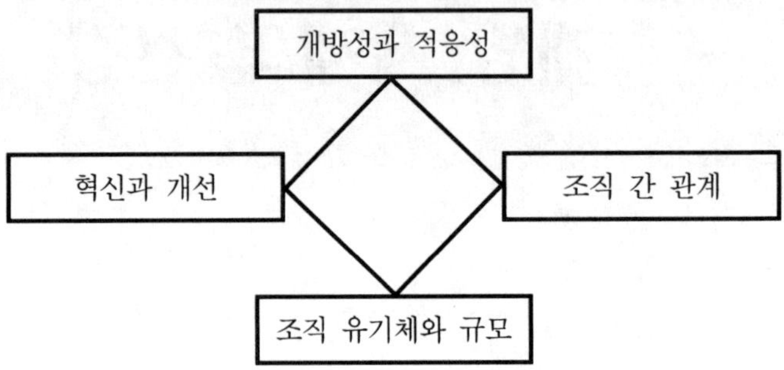

제1절 환경에 대한 개방성, 적응성, 위기관리

1 환경의 개방과 폐쇄

건강한 조직은 개방적이나 병든 조직은 폐쇄적이다.

개방 체제와 폐쇄 체제의 의의

개방 체제(open system)는 조직이 생존하는 데 조직과 환경과의 관계가 필수적이라고 가정한다. 개방 체제는 조직 밖의 환경으로부터 자원을 획득하고 자신의 생산물을 환경으로 방출하는 등 외부 환경과의 상호 작용이 조직 생존에 매우 중요함을 깨달음으로써 발생된 개념이다.

폐쇄 체제(closed system)란 환경과의 상호 작용이 차단된 체제를 말한다. 폐쇄 체제는 외부 환경과 단절된 자율 체제라고 할 수 있으며, 조직 내부의 설계나 절차에만 신경을 쓴다.

조직과 환경과의 관계가 100% 개방 체제인 경우나 100% 폐쇄 체제인 경우는 드물다. 특정 조직은 완전 개방 체제와 완전 폐쇄 체제의 사이인 어느 지점에 있게 된다. 즉 정도의 차이가 있을 뿐이다.

건강한 조직은 개방적이다

현대 사회에서 조직과 환경과의 관계는 매우 밀접해졌다. 따라서 건강한 조직이라면 개방 체제로서의 성질, 즉 개방성이 높게 된다. 하지만 조직으로서 어느 정도의 자율성을 전제로 한다.

건강한 조직은 필요한 자원의 획득을 잘한다. 인적 자원, 물적 자원의 획득을 잘하여 조직이 필요로 하는 자원을 쉽게 공급한다. 그리고 외부로부터의 정보 흐름이 자유롭다. 건강한 조직은 환경적 변화의 해석과 이에 대한 대처를 잘하며 산출물의 처리를 잘한다. 환경 변화에 따라 제품과 서비스의 내용을 변화시킨다.

개방적인 조직일수록 환경에 대한 적응력이 크다. 늘 이질적인 요소를 조금씩 받아들이면 환경 변화에 익숙하게 되며 조직 자체로서 활력이 생기기 때문이다. 그렇지만 지나치게 개방적이면 환경의 영향을 견디지 못하여 일시적으로 조직 자체가 존속을 하지 못할 수도 있다.

병든 조직은 폐쇄적이다

병든 조직은 폐쇄 체제로서의 성질, 즉 폐쇄성이 높다. 병든 조직은 관료주의적이고 고객, 공급업자, 그리고 경쟁 조직에 무관심하다.

병든 조직은 필요한 자원을 잘 획득하지 못한다. 조직의 생존과 번영에 필요한 각종 자원, 즉 인적 자원과 물적 자원의 획득을 게을리하거나 실패한다. 또한 외부로부터 정보 흐름이 막혀 있다. 병든 조직은 환경적 변화를 정확하게 해석하지 못하고 이에 대한 대처를 잘 못한다. 그리고 병든 조직은 산출물의 처리를 잘 못한다. 즉 산출물로서의 제품과 서비스를 잘 개선하지 못한다.

이러한 폐쇄성은 조직의 최고관리자나 조직구성원들이 자기 조직의 능력에 대해 지나치게 높이 평가하거나 자신감이 많아서, 혹은 외부의 영향력을 두려워하거나 영향을 받지 않으려 하기 때문에 비롯된다. 또한 실제 자신의 조직이 너무 커서 조직 내에서 많은 활동이 이루어질 수 있으며 자원의 공급이 가능할 때 개방에 대한 압력이 작을 수 있다.

조직의 폐쇄성이 크면 클수록 순혈주의적인 특성 때문에 동질성이 확보되어 일체감이 높고 고유한 문화를 보존할 수 있으며 환경의 영향은 적게 받게 된다. 그러나 조직은 커다란 환경 변화를 감당하기 어렵게 된다. 그리고 지나친 동질감으로 인해 조직의 발전은 더디고 조직의 활력이 떨어지게 되어 조직이 장기적으로 쇠퇴한다.

조직의 개방성 제고 방안

조직의 개방성을 높이려면 조직 환경에 대한 인식이 개방적이어야 한다. 그리고 적응적 흡수를 위한 인재를 영입해야 하며, 외부 환경에 대한 인식을 바꾸기 위해 조직구성원으로 하여금 외부 환경을 볼 수 있는 기회를 많이 제공해야 한다. 재직자 간에도 부서 간의 전직과 전보를 통해 개방적 분위기를 확산해야 한다.

조직의 개방성을 높이려면 유기적 조직구조를 설계하여 환경에 적응하도록 하며, 공식적 통제 체제에서 정보 공유의 체제로 전환해야 하고, 조직문화는 경직적 조직문화에서 적응적 적응문화로 나아가야 한다.

질 병 조직폐쇄증

'조직폐쇄증'은 조직이 외부와의 접촉을 차단하고 자기만의 세계에 파묻히려 하는 일종의 병증이다. 조직이 자신을 외부 환경에 개방하지 않고 폐쇄적으로 운영하는 현상을 말한다. 조직폐쇄증이 발병하면 조직이 외부와 접촉, 생산 제품이나 서비스의 산출, 그리고 생산을 위한 원자재의 투입 등을 통해 조직을 개방하려 하지 않고 지나치게 이런 것들을 조직 내부에서 해결하려 한다. 결과적으로 외부로부터의 인식이나 평판에 대해서도 무시하거나 경시한다.

이런 병증이 심해지면 외부로부터 지지와 동원을 기대하기 어렵고 조직의 성장이나 생존 자체도 어렵게 된다.

조직폐쇄증의 원인은 자기 조직이 모든 것을 할 수 있다는 자신감이나 조직을 개방할 때 부딪힐 두려움 때문이다.

현대 사회에서 완전한 자급자족체를 유지하는 것은 거의 불가능하다. 따라서 어느 정도까지는 개방해야 한다. 자기 조직의 외부 자족성과 의존성 정도를 점검한 후 점차적으로 개방한다면 두려움은 조금씩 해소될 수 있다.

2 환경의 적응

건강한 조직은 대외적 환경 변화에 대한 적응을 잘하나 병든 조직은 적응을 잘 못한다.

환경적응성의 의의

조직이 환경 변화에 대응하는 과정은 일반적 문제 해결 과정과 매우 유사하다. 즉 환경 변화를 인지하고, 정보를 수집하고 처리하며, 변동을 실시하고 정착하며, 환류를 한다. 그런데 조직이 환경 변화에 적응하기 위해서는 환경 변화의 내용과 속도 등 환경의 속성에 따라 다양한 방법이 고려될 수 있다. 즉 상황적응적이라 할 수 있다.

환경 변화의 성격은 일상적이고 정태적인 경우와, 비일상적이고 동태적인 경우로 구분할 수 있다. 환경 변화가 확실한 경우도 있고, 그 구조가 매우 복잡하여 매우 불확실한 경우도 있다.

환경은 일반적 환경과 구체적 환경으로 구분할 수 있는데, 전자는 국제적 환경, 정치적 환경, 경제적 환경, 사회문화적 환경, 과학 기술적 환경 등이 있으며, 이들은 조직이 통제하기 어렵다. 후자는 조직의 활동과 직접 관련되어 있는 환경으로 조직의 고객과 대상, 자원의 공급자와 수요자, 기술적 요소, 법과 행정적 요소 등이다.

건강한 조직은 환경 변화에 대해 적응을 잘한다

건강한 조직은 환경 변화에 대한 감지를 잘한다. 조직 자체로서 구체적 과업 환경에 대한 변화를 늘 감시하고 분석한다면 환경 변화의 감지는 그렇게 어렵지 않다. 거시적 환경 변화에 대한 예측이 어려울 때는 외부 분석기관에 의존한다.

변화 감지의 시작은 일선 영업기관이나 집행기관이다. 그러나 총괄적인 인식은 최고관리자(CEO)의 책무이다. 따라서 건강한 조직에서는 최고관리자가 항상 깨어 있으며 환경 변화를 주시하고 있다.

건강한 조직은 환경 변화에 적절한 대응을 한다. 환경 변화의 속도와 성격에 따라 대응 전략과 수단을 강구한다. 환경 변화에 대한 완급의 조절은 최고관리자나 중간관리자들의 몫이다.

건강한 조직은 환경 변화에 대한 방어 능력(면역 체계)이 좋다. 조직의 운영 체계가 융통성이 있다면 환경 변화에도 잘 적응한다. 이러한 조직에서는 충격 완화 장치가 있다. 작은 위기들을 경험한 조직일수록 환경 변화를 잘한다.

환경 변화에 적응을 잘하는 조직들은 조직의 생산물이나 관리 체제를 수정하거나 변경하여 고객의 마음을 사로잡는다. 따라서 조직의 수명이 길어진다.

병든 조직은 환경 변화에 대해 적응을 잘 못한다

병든 조직은 환경의 변화에 대한 감지를 잘 못한다. 조직구성원들은 구체적 환경의 변화가 있음에도 불구하고 환경 변화를 알지 못하거나, 알더라도 이를 무시하거나 외면한다.

변화를 감지하는 일선 기관의 무지, 무능력 때문에 환경 변화를 감지할 수 없는 경우도 있고, 일선 기관보다는 전문적인 환경 감시기구의 부재나 최고관리자의 인식과 능력 또는 관심 부족 때문에 변화를 감지하지 못하는 경우도 있다.

병든 조직은 환경 변화에 잘 적응하지 못한다. 변화에 대한 적응 방법을 몰라서 변화에 적응을 못하며, 변화에 대한 적응을 해본 경험이 없는 경우도 있다. 즉 면역 체제가 형성되어 있거나 충격 완화 장치가 없는 등 조직관리 체제가 경직적이고 권위주의적이어서 적응하기 어렵기도 하며, 적응에 대한 결정을 적시에 내리지 못해 적응 시점을 놓치기도 한다.

이처럼 환경 변화에 적응을 잘 못하게 되면 조직의 산출물이나 관리 체제가 변화되지 않아 고객을 불만족시키게 되고 이런 현상이 계속되면 조직의 활동은 위축되고 생명력은 약화된다.

조직의 환경 적응 능력 증진 방안

조직환경의 변화에 대해 적응을 잘하려면 조직의 생물체로서의 성격에 대한 이해가 먼저 필요하다. 변화에 잘 적응해야만 살아갈 수 있고 나아가 더 잘살 수 있다는 것이다. 다음으로는 환경 대비 체제의 구축이다. 이를 위해서는 환경 감시 체제의 정비와 구축이 요구된다. 끝으로 평소에 조직을 관리하고 운영할 때 유기적 조직구조를 활용한다. 규정이 지나치게 공식화되어 있으면 환경에 적응하기가 어렵다. 그리고 조직의 규모를 축소하는 것도 좋은 방법인데, 조직의 규모가 작을수록 움직이기 쉽기 때문이다.

또한 조직 내의 가외성과 여유 조직을 활용한다. 환경 변화

를 위한 이중의 조직을 운영하며 인력이나 자금의 운영도 지나치게 경직적이어서는 안 된다.[1)]

질병 조직환경면역력결핍증

조직의 환경 변화에 대한 대응 능력을 '조직환경면역력'이라 할 수 있다. 그런데 조직환경면역력이 거의 없거나 낮은 상태를 '조직환경면역력결핍증'이라 할 수 있다.

조직환경면역력결핍증에 걸리면 조직은 환경 변화에 대해 유기적으로 반응을 잘하지 못하고 환경과 마찰을 계속한다. 따라서 조직의 활동이 크게 위축될 수도 있고 심하면 조직이 사멸할 수도 있다.

조직환경면역력결핍증의 원인은 장기적으로 조직의 환경 변화가 별로 심하지 않거나 거의 없었기 때문에 환경 변화에 대한 인식이나 적응을 해본 경험이 없어서이다. 또한 환경 변화에 대한 간접적 체험이 별로 없기 때문에 발생하기도 한다. 전체적으로 조직의 능력이 쇠약해지면 조직환경 면역력 결핍을 느낀다.

환경 변화에 대한 사전 준비, 유사한 환경 변화의 실습이나 사회적 실험 등은 조직환경 변화의 면역력을 높이는 데 기여한다. 작은 실패는 조직의 면역 능력을 높이는 데 기여할 수 있다.

---

1) 예컨대 컴퓨터의 주메모리 장치를 주장치와 보조 장치로 이원화하여 운영하면 주장치가 작동을 못하더라도 보조 장치가 작동하여 위기를 극복할 수 있을 것이다.

3 위기관리

> 건강한 조직에는 위기가 기회이나 병든 조직에는 위기가 위협이 된다.

위기관리의 의의

위기관리는 평시 관리에 대비되는 개념이다. 위기의 특성으로는 특정 조직(의사결정 단위)의 최우선 목표가 위협을 받고 있고, 결정을 내리기 전에 반응을 취하는 데 소요되는 시간이 제한되고 있으며, 위기 발생으로 작게는 정책결정자들, 그리고 크게는 고객이나 이해관계자들(혹은 일반 대중)이 놀라게 되는 상황 발발의 충격성이나 돌발성 등 세 가지 특성을 갖는다.

위기관리는 위기 준비 과정과 위기 대응 과정으로 구분할 수 있다. 후자는 위기 발생 시 피해를 최소화하며 응급 상황에 대비하는 과정을 포함한다. 보통 위기에는 그 조짐이나 소식이 있다.

건강한 조직에서는 위기가 기회이다

건강한 조직에서는 위기를 잘 준비하며 위기에 부딪혔을 때는 이에 잘 대처한다. 건강한 조직은 위기에 대한 인식을 정확하게 하고 이에 따라 위기에 대처한다. 건강한 조직은 위기에 대한 예측력이 어느 정도 있으며, 어떠한 방향으로 어느 정도 위협이 있을 것인지 가상의 시나리오를 만들어 대비한다.

건강한 조직은 위기에 대한 대응을 잘한다. 최고관리자(CEO)는 짧은 시간 안에 위기의 본질을 꿰뚫고 필요한 수단과 방법을 동원한다. 의사결정을 신속하게 함으로써 위기를 방치할 때 가져올 영향을 극소화한다.

이처럼 위기에 잘 대응했을 때는 오히려 위기가 기회가 되어 조직을 발전시키는 데 긍정적 요소로 작용한다.

병든 조직에서 위기는 조직에 위협이다

병든 조직에서는 위기를 무시하거나 인식하지 못한다. 병든 조직은 문제를 인식할 수 있는 능력이 너무 모자라 위기가 다가오고 있는 것을 예측하지 못하다가 준비가 부족하여 위기에 부딪힌다. 그리고 문제의 심각성을 인식하지 못한다.

위기를 인식하지 못하는 이유는 조직의 최고관리자 등이 자신과 자기 조직을 과신하거나 업무에 대한 매너리즘 때문이다. 또한 불확실성이 너무 커서 예측할 수 없는 경우도 있으며, 위기를 인식할 수 있는 능력이 없을 수도 있다.

병든 조직에서는 위기를 인식했으나 위기에 적절히 대응하지 못할 수 있다. 위기관리는 조직 전체의 대응이 필요할 때가 많다. 이때 최고관리자의 통합 리더십이 요구되는데 리더십이 부족하면 위기를 수습하고 복구하는 활동이 매우 어렵다. 조직으로서 대응 수단이 없거나 적절한 조치를 취하기에는 시간이 너무 급박하기 때문이다.

위기에 대응을 잘하지 못할 경우 조직은 조직 내외에서 무능한 조직으로 낙인이 찍히고 조직구성원들은 자포자기하며 이로 인해 조직이 소멸하거나 기능이 위축된다.

위기 극복 방안

위기를 잘 극복하려면 위기관리 체제를 정비해야 한다. 위기를 전담하는 조직을 만들어 전문 인력을 양성하여 활용한다. 위기에 대비하여 위기와 관련한 예상 시나리오를 작성하며 위기 대비 매뉴얼(요령) 등을 준비한다. 그리고 위기가 발생하면 피해 복구 등을 위한 체제를 구축하여 활용한다. 위기관리 극복을 위해 공공 관계(PR)를 잘 활용하며, 위기관리가 학습될 수 있도록 위기관리 데이터베이스(DB)를 구축한다. 무엇보다도 위기관리를 통합 관리하기 위한 리더십의 개발이 요구된다.

사례 위기를 극복한 조직과 극복하지 못한 조직

대부분의 최고관리자(CEO)는 거의 위기를 사전에 감지하지 못한다. 그러나 제록스의 경영자들은 달랐다. 그들은 정전복사기에서 자신들의 독주를 보장해 주는 특허권이 1970년대 중반이면 만료된다는 것을 알고 있었다. 임박한 위기는 최고경영진에게 위험을 무릅쓰고 혁신을 감행하도록 자유를 주었다. 종종 위기감은 자연적으로 나타나는 반대를 잠재우고 혁신을 위한 정치적 · 조직적 지원을 유발시켜 준다. 제록스 경영진들의 실패는 이러한 변화를 향해 열려진 길을 이용하여 그에 저항하는 각 부서와 재정 감독을 담당한 사람들을 향하도록 밀어붙이지 못했다는 점에서 비롯되었다.

제록스가 터무니없이 실패를 한 반면 IBM이 제품 혁신성의 부족에도 불구하고 훌륭한 성공을 거두게 된 것은 위기를 기회로 볼 줄 아는 열린 자세, 독립사업부를 통해 혁신을 창조하고 촉진하고자 하는 열망, 그리고 가장 중요한 것으로서 회사 내 감독, 판매, 마케팅, 메인 프레임 부서들과의 경합으로부터의 보호 등을 들 수 있다.

출처: 레빈 · 생거(1996: 86-88).

질병 위기불감증

'위기불감증'이란 조직에서 위기를 사전에 감지하지 못하며 위기가 가까워졌는데도 불구하고 이를 인식하지 못하는 증상을 말한다.

위기는 조직의 사활이 걸려 있는 환경의 극심한 변화를 의미한다. 위기불감증은 환경 변화가 조직의 사활과 관련이 있음에도 불구하고 조직의 주요 관리자들이 그렇지 않다고 보는 것이다. 위기불감증은 환경 변화의 정도와 속도에 대한 감이 없는 경우도 포함한다.

위기불감증의 원인은 환경 변화의 정도와 속도에 대한 평가 능력이 없어서 또는 조직의 사활과 환경 변화의 관계를 인식할 수 있는 능력이 없어서이다. 조직이 위기에 노출된 적이 없거나 성공의 경험만 있는 경우에 위기불감증에서 빠져나오기 어렵다.

위기불감증을 해소하기 위해서는 위기관리 및 환경 변화 인식 체제를 조직 내에 설치해야 한다. 또한 위기를 극복하기 위해서는 최고관리층이 위험을 무릅쓰고 혁신을 감행해야 한다.

제 2 절 혁신과 개선

1 혁신 체제

건강한 조직은 혁신과 개선이 체계적이나 병든 조직에서 그것은 비체계적이다.

혁신과 개선의 의의

현대 사회는 내외부의 환경 변화가 극심하며 경쟁이 치열하다. 따라서 조직이 생존하고 번영하기 위해서는 끊임없이 변화해야 한다. 조직 변화의 한 형태로서 조직 혁신, 조직 개선, 그리고 조직 개혁 등을 들 수 있다. 혁신이나 개선이 종전에 비해 무엇인가 나아지는 현상을 강조하는 것이라면 개혁은 근본적인 변화를 의미한다.

조직 혁신이란 조직이 환경 변화에 대응하면서 조직효과성을 높이기 위해 관리 대상 영역을 계획적·포괄적으로 쇄신하고 변동시키는 행위이다. 즉 새로운 아이디어·방법·제도·서비스의 변화를 포함한다. 한편 조직 개선이란 조직 변화 중에서 점진적이고 부분적인 변동을 말한다. 여기서는 혁신과 개선을 구분하여 사용한다.

건강한 조직에서 혁신과 개선은 체계적이다

건강한 조직에서는 혁신과 개선을 실시하면 대체로 성공한다. 건강한 조직에서는 변화를 위한 체제가 확립되어 조직의 자원과 노력을 집중할 수 있는 체제가 마련되어 있다. 혁신이 필요할 때 혁신을 위한 방법이 적용되고, 개선이 필요할 때 개선의 방법이 적용된다. 그것은 혁신과 개선이 체계적이고 집중적이기 때문이다. 결과적으로 조직의 성과가 오르고 조직의 대외 이미지가 높아진다.

혁신은 일상적인 조직 운영을 거부한다. 조직의 기술에 대한 새로운 변화 및 조직관리에 대한 새로운 변화를 요구한다. 따라서 별도로 혁신 체제를 구축하고 운영해야 한다. 그리고 혁신의 집행을 점검하고 성과를 관리할 체제가 뒷받침되며 혁신 리더십이 발동된다.

개선은 항상 진행된다. 점증적으로 모든 분야에 개선이 이루어지는데 어떤 일이든 반복해서 업무를 수행하다 보면 개선해야 할 부분이 발견된다. 그런데 현장의 작업자나 관리자들이 개선해야 할 사항을 가장 잘 알고 있다.

병든 조직에서 혁신과 개선은 비체계적이다

병든 조직에서는 혁신과 개선이 실시되더라도 그것은 실패한다. 혁신과 개선이 별로 없어 조직이 날로 쇠퇴하기도 한다. 그것은 혁신과 개선이 비체계적이고 분산적이기 때문이다.

병든 조직에서는 혁신과 개선을 위한 적절한 체계가 구축되어 있지 않다. 즉 혁신과 개선을 위한 목적과 방법 및 수단이 잘 연계되어 있지 않다. 혁신과 개선의 방법은 다르다.

병든 조직에서는 조직 혁신을 위한 시도가 없지는 않으나 혁신에 대한 체계적인 진단과 분석, 이에 따른 혁신 설계가 부족하다.

병든 조직에서는 개선에 대한 관심이 없거나 이루어지지 않는다. 일선 작업자나 관리자들이 업무 개선에 관한 의욕이 없거나 관심이 없다. 개선의 결과에 대한 유인이 없거나, 개선을 요구해도 이것이 잘 반영되지 않기 때문이다.

혁신 및 개선 능력 향상 방안

혁신과 개선을 위해서는 주기적인 조직 진단이 요구된다. 또한 혁신 리더십이나 관리상 리더십이 작동되어야 한다. 최고관리자를 비롯한 고위관리자 집단이 혁신 과정에 리더십을 발휘하고 조직구성원들의 공감대를 형성한 후 혁신 방법과 수단에 대해 합리적으로 분석하고 집행하며 이를 환류해야 한다. 개선 의견에 대한 반영 방법을 모색하며 개선의 결과를 조직인들에게 보상해 주는 유인 체제가 활용되어야 한다.

질병 혁신설계능력결핍증

'혁신설계능력결핍증'은 조직이 전체로서 혁신을 설계할 수 있는 체제나 능력이 결핍되어 있는 증상을 말한다.

혁신 설계 능력이 결핍되었다는 것은 혁신에 대한 인식 능력이 없고, 구상 능력이 없으며, 그리고 그것을 시간적으로나 내용적으로 배열할 수 있는 능력이 없다는 것을 의미한다.

혁신 설계 능력이 결핍하는 이유는 조직에서 혁신을 이끌어 가는 최고관리층이나 담당 기관이 혁신을 제대로 이해하지 못하고 있거나, 혁신을 주창하면 조직구성원 모두가 따라오리라는 안이한 인식에서 비롯된다.

혁신 설계 능력을 갖추기 위해서는 혁신 전문가를 충원하거나 혁신 전문 조직을 구성해야 한다. 조직의 핵심 중추 조직이 전문 조직을 겸할 수 있다. 즉 혁신에 대한 훈련을 강화하고, 혁신 수행자들을 새로 임용하거나 일부 충원을 해야 한다.

2 혁신 생활화와 매너리즘

건강한 조직은 혁신과 개선이 생활화되어 있으나 병든 조직은 매너리즘에 빠져 있다.

혁신과 개선을 위한 조직문화의 의의

조직에서 혁신과 개선이 생활화되어 있는가 매너리즘에 빠져 변화가 없는가는 조직의 활력을 보여 주는 좋은 지표이다.

조직은 그것이 탄생되어 성장하고 성숙하며 쇠퇴하다가 소멸하는 과정을 거친다. 특히 조직이 쇠퇴하고 소멸하는 단계에 접어들면 혁신이나 개선이 잘 이루어지지 않는다.

조직문화는 조직의 혁신과 개선에 영향을 준다. 조직문화는 조직의 안정성에는 도움을 주나 조직의 변화에는 장애가 될 수 있다. 특히 혁신문화는 변동을 유도하나 정체문화는 변동을 거부한다.

건강한 조직에서는 혁신과 개선이 체질화되어 있다

건강한 조직에서는 혁신과 개선이 생활화되어 있다. 과거보다는 현재를, 현재보다는 미래를 더욱 강조한다. 새로운 일, 개척적이고 도전적인 조직문화가 형성되어 있다. 그리고 조직의 발전과 성장에 더 많은 비중을 두며 이로 인해 혁신과 개선이 몸에 배어 있다. 이러한 혁신문화는 조직의 변화와 변동을 유도하고 촉진한다.

건강한 조직에서는 혁신과 개선에 관한 공감대가 형성되어 있다. 많은 조직구성원이 혁신과 개선의 필요성에 공감하고 이를 위한 노력에 동참한다. 개선은 일상적이라는 인식이 깔려 있다. 혁신과 개선의 중심에는 항상 최고관리자(CEO)에 의해 조직 리더십이 발휘된다. 즉 혁신 리더십이 혁신의 동력을 체계화하고 동기를 부여하여 혁신 체제를 작동시킨다.

사례 삼성그룹의 개혁과 이건희 그룹 회장의 혁신 리더십

삼성그룹은 세계적 기업이다. "아내와 자식들을 제외하고 모두 바꾸라"는 이건희 회장의 구호는 삼성그룹의 개혁과 변화를 가장 잘 보여 주는 표현이다.

그동안 삼성은 세기말적 변화를 앞두고 초일류 기업과의 경쟁에서 살아남을 수 있는 경쟁력을 갖추지 않으면 생존을 보장받을 수 없다는 위기 의식 속에서 강력한 변화와 철저한 혁신을 꾀했다. 개혁의 첫 신호탄인 출퇴근의 혁신 7.4제(오전 7시 출근 오후 4시 퇴근)를 시작으로 500억 원어치의 불량품을 과감히 소각하여 과거의 타성으로부터 탈피했고, 떠난 인물을 재기용하는 패자 부활의 용병술, 조직활성화와 개인 창의력 발휘의 바탕이 된다는 신념 하에 실시된 과감한 인센티브제, 내부 인재를 국제적 교육을 통해 박사로 육성하는 등의 글로벌 인재 육성 의지 등 새로운 시대를 준비하는 신경영 개혁의 엔진은 멈추지 않고 있다.

출처: 김성홍·우인호(2004).

병든 조직은 매너리즘에 빠져 있다

병든 조직에서는 조직의 안정과 질서에 매달리며 매너리즘에 빠져 있다. 변화에 대한 불감증에 싸여 변화의 필요성을 느끼지 않는다.

병든 조직에서는 과거의 경험과 역사를 중시하며, 다른 합리적인 이유가 있음에도 불구하고 가능한 한 선례나 전례를 고수하려 한다. 조직이 현상 유지에 급급하며 지나치게 안정을 추구한다. 병든 조직은 소위 정체문화에 빠져 있다. 이러한 정체문화는 변동이나 변화를 거부하고 혁신과 개선에 장애가 된다. 또한 쉽게 혁신에 대한 피로를 느낀다.

병든 조직에서는 혁신과 개선에 관한 공감대가 형성되어 있지 않다. 혁신에 대한 저항을 극복할 수 있는 체제나 유인이 없으며 혁신을 위한 조직 리더십이 작동하지 않는다.

대규모 조직일수록 조직의 변동보다는 안정과 질서 유지에 익숙하다. 조직의 규모가 클수록 관료제화할 경향이 크며 혁신이 어렵다.

혁신과 개선을 위한 조직문화 개선 방안

조직에서 혁신과 개선을 위해서는 혁신문화를 형성하고 정체문화를 축소해야 한다. 그런데 문화를 변화시키기 위해서는 조직 외부로부터 새로운 인력을 유입하며, 조직 변화와 혁신에 대한 유인(誘因)을 적절히 제공해야 한다. 예컨대 혁신 마일리지나 개선 마일리지 등을 통해 혁신에 대한 유인을 제공한다. 혁신과 개선을 하는 데는 혁신 리더십의 구축과 활용이 필수적이다. 왜냐하면 조직을 선도하는 자들이 혁신 마인드로 무장하고 이를 생활화하면서 구성원을 이끌면 구성원들은 따라오기 때문이다.

질병 혁신피로증

'혁신피로증'은 이전의 혁신 경험으로 인해 현재의 혁신 수행 체제가 잘 작동되지 않거나 혁신에 불만이 쌓인 상태를 의미한다. 혁신피로증은 개혁피로증과 유사한 개념이다.

혁신피로증은 짧은 기간 내에 혁신이 계속되거나, 혁신이 너무 광범위하고 변화가 커서 혁신 수행자들을 지나치게 힘들게 했던 경험에서 비롯되기도 한다. 혁신피로증의 조건은 이전의 '혁신'으로 제도 개선 등이 이루어지지 않은 상태에서 또 다른 혁신을 접하게 되었을 때 일어난다. 혁신은 보통 관계자들을 몸과 마음을 힘들게 하기 때문이다.

혁신피로증이 심하면 혁신은 조직인들로부터 더 이상 환영받지 못하고 거부되며, 혁신이 강요되면 그것을 수동적으로 받아들인다. 따라서 혁신의 효과는 반감되며 다른 업무의 수행도 악화된다.

혁신피로증을 치유하려면 한 번 혁신을 실시한 후에는 상당한 기간 휴식 시간을 갖도록 한다. 최고관리층이 바뀌면 대체로

초기에 많은 혁신이나 개혁을 시도하게 되는데 단기간에 끝낼 수 있도록 하여 혁신피로감을 줄인다. 혁신의 결과가 잘 마무리되어 좋은 효과를 보였을 때는 혁신피로증이 덜하게 된다.

제 3 절 조직 간 관계

1 우호적 대 적대적 태도

> 건강한 조직은 다른 조직과 우호적이나 병든 조직은 적대적이다.

조직 간 우호와 적대 관계

조직은 다른 조직과 공존하기도 하며 경쟁하기도 하는 등 상호 작용을 한다. 공존 관계는 2개 이상의 조직이 생존과 번영을 위해 서로 협력하는 관계이며, 공존하기 위해 협상, 흡수, 연합 등의 전략을 사용한다. 경쟁이란 2개 이상의 조직이 각자 생존과 번영을 위해 인적·물적 자원을 획득하고 지지를 확보하기 위해 벌이는 현상이다.

조직 간 상호 작용의 관계 유형이나 양태는 매우 다양하나 조직의 건강과 관련해서는 양자 간의 친소 관계에 따라 우호 협력 관계와 적대 관계로 구분할 수 있다.

건강한 조직은 우호 협력 관계를 갖는다

건강한 조직은 다른 조직과 우호 협력 관계를 갖는다. 건강한 조직은 주위에 적이 적으며 친구나 지원 세력이 많다. 경쟁하는 기관 사이에도 상생(win-win)할 수 있는 길을 모색하며, 경쟁과 협력이 공존한다. 업무의 영역이 중복되는 경우에는 서로 협력하여 문제를 해결할 수 있는 경우가 많다. 특히 다른 조직이 어려움에 처할 때 도움의 손을 내민다.

건강한 조직이 다른 조직과 우호 관계와 협력 관계를 유지하는 것은 소극적으로 다른 조직과 불필요한 마찰을 줄임으로써 관리 비용을 줄일 수 있는 장점이 있으며, 적극적으로는 서로 협력함으로써 해당 사업 영역에서 대내외적으로 함께 노력해야 할 때 공동 대응을 할 수 있으며 대외적 이미지를 높일 수 있는 장점이 있다. 예컨대 기업은 해당 분야별로 협회를 구성하여 협력한다(예: 중소기업중앙회나 각종 조합).

병든 조직은 적대 관계나 우월적 지배 관계를 갖는다

병든 조직은 다른 조직과 적대적 관계나 지나치게 우월한 지배적 관계를 갖는다. 병든 조직은 다른 조직과의 관계 형성과 유지가 매끄럽지 못하다. 주변에 적이 많고 지원 세력이 적다.

경쟁하는 기관 상호간에는 치열한 싸움만이 존재한다. 한쪽이 얻으면 다른 한쪽은 잃고, 한쪽이 승리하면 다른 쪽은 패배한다. 이러한 싸움은 조직 간에 그들의 사활이 달린 이해 관계가 존재할 때 일어난다. 또한 사업이나 업무의 영역이 중복되는 경우에 많이 일어나는데 관할권의 싸움만 있고 문제를 해결하려는 노력은 부족하다. 다른 하나는 조직의 최고관리자가 인식하는 사회관이 성숙되지 못하기 때문에 일어나기도 한다.

수직적 협력 관계에 있는 조직 간에 권력적 지배 관계가 남아 있다. 자원의 공급과 수요가 연결되는 조직 간의 관계에서 자원의 안정적 공급과 수요의 안정적 확보를 위해 관계가 형성된다. 때로는 해당 조직이나 최고관리자의 사회관이 미성숙하거나 지배욕 때문에 관계가 형성되기도 한다.

조직의 대외 관계 개선 방안

공생은 더 많은 것을 가져다 줄 수 있다. 조직 간의 관계도 마찬가지이다. 조직의 대외 관계를 개선하기 위해서는 우선 대외 관계에 대한 의식의 변화가 요구된다. 사회적 기제로서 조직임을 생각해야 한다. 다음으로는 조직의 대외 관계를 담당하는 부서나 체제를 구축하는 일이다. 그리고 서로 상호 작용하면서 건전한 관계를 학습하고 배우면 어느 정도 건전한 대외 관계를 체험할 수 있다.

질병 하청업자에 대한 횡포병

'하청업자에 대한 횡포병(이하 '횡포병'이라 함)'은 대기업이 하청 기업에 대해 우월한 지위에서 행사하는 부당한 행위가 상존하는 상태를 말한다.

많은 중소기업은 대기업으로부터 부품 조달 및 주문자 생산 관계를 맺고 있는 하청업자로 기업 활동을 하고 있다. 하청 관계는 하청을 주는 대기업이 어떤 기업 이념에 따라 하청을 받는 중소기업과 관계를 맺는가에 달려 있다. 횡포병은 국가 내에서 주기업과 하청 기업과의 관계는 물론 선진국 대기업과

후진국 하청 기업과의 관계에서 두드러지게 나타난다.

횡포병은 대기업과 하청 기업 간의 불평등한 관계를 전제로 하여 발생하며 이때 대기업이 자사의 사적 이익을 극대화하기 위한 노력의 일환이다. 대기업의 사회적 책임성 부족에서 유발되는 경우도 많다. 또한 하청 기업은 기업의 조건이 너무 열악하고 경제적 능력이 없기 때문에 저항할 수 없을 때 횡포병이 발생한다.

횡포병을 해소하기 위한 방안으로는 대기업의 사회적 책임 강화, 법적 책임의 부과 등의 방법이 있으며, 국제 NGO 등과 연대하여 환경 문제나 인권 문제를 풀 수 있다.

대기업의 하청 기업에 대한 횡포 문제에 대한 예를 들면 다음과 같다. 세계 유수의 회사나 재벌 기업(콘체른)들은 후진국이나 개발도상국의 하청 공장에서 초과근무수당을 편취함으로써 노동자들의 임금을 착취하고 있으며, 근무 조건이 매우 열악하다. 또한 중학생 등 아동 노동, 성적 추행, 폭행 등을 통해 인권 문제를 야기한다. 그리고 위험한 피임약 시판, 비윤리적 약품시험 지원, 유전자 조작, 열대우림을 파괴함으로써 환경 문제와 인간 생명에 관한 문제를 야기한다. 끝으로 내전과 무기 거래 자금 지원, 내란 자금 지원 등을 통해 국제 문제에 개입한다(한스 마이스 & 글라우스 베르너, 2008).

2 자율성 대 의존성

> 건강한 조직은 자율성이 크고 병든 조직은 의존성이 크다.

자율성과 의존성의 의의

조직은 다른 많은 조직과 관계를 갖는다. 조직은 활동을 하면서 자유로울 수도 있지만 많은 제약을 느낄 수도 있다.

조직 활동의 자율성이란 조직이 스스로 판단하고 결정하며 그 결과에 대해 스스로 책임을 지는 것을 뜻한다. 조직이 자율적으로 결정해야 할 내용은 전략, 정책 및 사업 활동에 관한 의사결정이다.

이에 반해 조직 활동의 의존성이란 조직이 스스로 판단하고 결정할 수 없으며 스스로 책임질 수 없는 상태로서 외부에 의지하는 것을 뜻한다. 의존성이 높아지면 외부로부터 통제를 많이 받는다.

건강한 조직은 자율적이다

건강한 조직은 자율성이 높다. 건강한 조직은 어느 정도는 스스로 자가 발전이 가능하며 생존이 가능하다. 조직은 주요 활동의 주인으로서 존재하며 자신의 성과나 실적에 대해 자기가 보상을 받는다.

건강한 조직은 투입 자원(원자재나 인력 등)에 대한 통제는 물론 산출물(생산 제품이나 서비스)에 대한 통제도 가능하다. 투입 및 산출 자원에 대한 통제가 가능하기 때문에 자율적인 반응 체제가 형성된다.

건강한 조직은 조직과 관련된 주요 업무를 스스로 결정하고 이에 대해 스스로 책임져야 하므로 의사결정이 신중해지고 업무 수행 과정에서 자율 통제하면서 노력을 할 수밖에 없다. 이처럼 자율적으로 결정하고 행동하게 되면 조직의 감각기관은 항상 살아 움직이게 된다. 즉 자율적이기 때문에 건강해진다.

병든 조직은 의존적이다

병든 조직은 의존성이 높다. 의존성이 높은 조직은 그것을 통제하는 조직에 의해 조직 활동이 조종될 수 있으며 언제든지 조직의 근간이 허물어질 수 있다.

병든 조직은 투입 자원에 대한 통제가 불가능하다. 특정 조직이 투입을 해 주는 조직보다 열등한 지위에 있다. 또한 산출물에 대한 통제가 불가능한 경우도 있다. 특정 조직보다 산출물을 공급받는 조직이 우월한 지위에 있기 때문이다. 두 가지 모두 통제가 불가능하다면 이는 매우 의존도가 높은 경우이다.

병든 조직은 책임성이 없기 때문에 의사결정을 신중하고 합리적으로 할 필요가 없으며, 정성을 들일 이유도 별로 없다. 의사결정에 대한 책임을 떠넘길 수 있고 행동의 결과에 대한 보상도 주는 대로 받을 뿐이다. 타율적으로, 시키는 대로 의사를 결정하기 때문에 조직의 감각기관은 죽어 있다.

적절하게 자율성을 유지하기 위한 방법

어떤 조직이든 단위 조직체로서 100% 자율성을 확보받기는 어렵다. 그렇지만 자율성을 높이기 위해서는 투입 자원의 집중도를 낮추고 산출물의 배분처를 다양화하거나 분산시켜 통제력을 향상시켜야 한다.

자율성을 높이기 위해서는 조직으로서 혼자 설 수 있도록 대외의존도를 줄여야 하는데, 예컨대 조직의 규모를 축소하거나 단위 사업체로서 독립채산제를 경험하도록 해야 한다. 정부에서는 지방자치제, 책임운영기관이 기업에서는 사업(본)부 제도와 소사장 제도 등이 장려되고 있다.

사례 재정 자립과 일본 유바리 시 파산

조직의 자율성이나 의존성은 재정면에서 두드러지게 나타나는데 이를 측정하는 척도 중 하나가 재정자립도이다. 재정자립도란 일반 회계예산에서 지방세와 세외수입 등을 지방자치단체가 자체 충당하는 비율로 세수입이 줄거나 구청의 경우 복지사업 등과 같이 서울시와 중앙정부에서 비용을 대는 사업이 많아지면 낮아지게 된다. 서울시 구청의 경우 2010년 현재 재정자립도가 평균 50% 미만이다. 성남시는 신청사를 짓느라 5,200억 원을 당장 갚지 못해 지불유예를 선언한 바 있다.

일본의 지방자치단체중 홋카이도(北海道) 유바리(夕張) 시는 2006년 6월 20일 재정 파탄을 선언했다. 파탄 후 1년 만에 공무원 수가 반으로 줄었으며 초등학교와 중고등학교가 각각 통폐합되었고 시립종합병원도 문을 닫았다. 유바리 시는 한때 석탄도시로 유명했으나 정부정책이 바뀌면서 관광도시로 전환했고, 관광으로 지역경제를 살리기 위해 무모한 시설 투자를 감행했다. 중앙정부 등 누구도 감시와 견제를 못했으며 모든 금융기관으로부터 외면당했고 결국 파산에 이르렀다

출처: http: www.sisainlive.com.20100624 검색.

질병 대외의존병

'대외의존병'이란 조직의 거의 모든 활동이 자체적 판단이나 자체 능력의 범위 안에서 이루어지지 않고 외부에 의존하고

있는 상태나 외부에 주로 의존하려는 경향을 말한다.

대외의존병의 원인은 조직이 기본 능력이 너무 없어서 자원을 동원하거나 자원을 공급하기 곤란한 경우나 다른 조직으로부터 지원이나 도움이 반복되면서 대외 의존 성향이 높아진 증상을 말한다.

대외의존병이 심화되면 스스로 결정할 수 있는 능력이 약화되며 대외적으로 책임 능력이 감퇴된다. 즉 외부에 의존 중인 조직의 상태에 따라 조직의 생존이나 활동이 크게 영향을 받는다. 대외의존병이 극심하면 파산할 가능성이 높아진다.

대외의존도를 낮추기 위해서는 점진적으로 조직 자체의 능력을 키우고, 조직에 대한 투입 자원의 공급처와 생산품의 제공처를 다원화하여 위험을 분산시켜야 한다.

제 4 절 조직 자체

1 조직의 규모

> 건강한 조직은 조직의 규모가 적절하나 병든 조직은 조직의 규모가 지나치게 크거나 적다.

조직 규모의 의의

조직의 규모란 보통 조직의 외형적 크기를 의미한다. 조직의 규모를 나타내는 변수나 측정 지표로는 '조직구성원의 수'

로 파악되고 있으나 이것이 조직 규모의 다양한 측면을 포함하지 못하기 때문에 물적 수용 능력, 인력, 투입, 산출 및 자원을 주요 구성 요소로 제시하고 있다(Kimberly, 1976: 577-597).

조직의 규모 자체는 조직의 건강과 직접 관련이 있는 것은 아니지만 그것과 조직의 역량의 관계에 따라 질병을 유발할 수도 있고 하지 않을 수도 있다. 그리고 조직의 성장 단계에 따라 조직의 규모는 의존된다. 조직의 창설, 성장, 성숙, 쇠퇴기에 따라 조직의 규모는 달라진다.

규모의 부문적 비대화를 나타내는 지표나 개념 중 하나로 관리집약도(administrative intensity)[2]를 들 수 있다. '관리집약도'는 전체 규모에서 유지 관리구조가 차지하는 비중을 나타내는 것으로 관리 농도 또는 행정 농도라고도 한다. 관리집약도가 크면 클수록 조직은 비대한 것이며, 바람직하지 못한 것으로 평가된다.

여기서 유지 관리구조란 직접적으로 생산적인 활동을 지원하고 유지하는 활동을 수행하는 구조적 단위를 지칭하는 것이다. 예를 들면 참모구조나 일반 관리구조이다.

건강한 조직은 규모가 적당하다

건강한 조직은 규모가 지나치게 커서 조직에게 부담을 주지는 않으며 적절한 크기를 유지한다.

조직의 유형에 따라 기능을 원만하게 수행하기 위한 조직의

---

2) 예컨대 변호사법인에서 직접 변호 업무를 담당하는 부서의 규모에 비해 이를 지원하는 인사관리 부서 등의 비율이 크면 클수록 관리집약도는 높다. 마치 인체에서 배에 지방질이 많은 경우와 유사하다.

규모가 있을 수 있다. 일정한 규모 이상이 되었을 때 기능 수행이 되지 않거나 낭비 요인이 생긴다면 그 지점이 적정 규모가 된다. 조직의 규모가 적정할 때 관리상 부담이 줄어든다. 생산 조직을 한 단위 증가시킬 때 추가적인 비용이 발생하며 한계효용이 체감한다면 그 지점에서 규모 증가를 멈추어야 한다.

건강한 조직이 적정한 규모를 유지할 수 있는 것은 조직관리를 체계적이고 합리적으로 하기 때문이다. 그렇기 위해서는 관리집약도가 적절해야 한다.

병든 조직은 비대증과 왜소증을 보인다

병든 조직은 규모가 너무 커서 이것이 조직에 관리적 부담을 주며 다른 질병을 야기하는 원인이 되기도 한다. 또한 조직의 규모가 너무 작아서 특정 분야의 조직으로서 기능 발휘를 못할 수도 있다. 그러나 보통은 조직이 비대해져서 질병이 생기는 경우가 대부분이다.

조직이 비대해지면 관리 비용이 많이 든다. 인건비가 증가하며 기타 조직운영비 등 관리비가 증대한다. 또한 조직이 비대해지면 불필요한 업무, 불필요한 절차와 규제를 확대하게 된다. 조직이 비대해지는 이유나 배경은 조직인의 권력욕이나 지배욕에서 비롯된다. 업무 확장을 통해 지배 영역을 넓히고자 하는 것이다. 그런데 한번 비대해진 조직을 원상태로 회복하는 것은 매우 어려운 일이다.

조직이 규모가 감축되면 기존에 두 사람이 하던 일을 한 사람이 하게 되므로 업무 부담이 커지고 이로 인해 업무 수행의 완결성이 떨어지며 서비스의 내용이 부실해진다. 조직 감축이 지나치면 전체적인 기능 수행이 어렵게 되기도 한다. 규모 축소의 원인이나 배경은 조직의 구조조정의 일환으로 인건비를 줄이고자 하는 데서 비롯된다.

조직 규모의 적정화 방안

조직 규모를 적정하게 하기 위해서는 주기적인 조직 진단이 요구된다. 조직의 규모는 시간이 흐름에 따라 대체로 팽창하기 쉽기 때문이다.

조직관리자는 조직의 성장 단계별로 조직의 규모를 점검해야 하며, 필요 이상으로 규모가 팽창했을 때는 조직을 통폐합하며 구조를 조정하여 조직을 적기에 개편해야 한다. 그런데 조직 개편이 능사는 아니라는 점도 유의해야 한다.

질병 공룡병

공룡(dinosaur)은 트라이아스기 후기에 출현하여 쥐라기와 백악기에 크게 번성하여 백악기 말에 절멸한 파충류의 한 무리로 인간과는 공존하지는 않았다. 환경에서 받아들일 수 없을 정도로 비대해지고 많아져서 멸망할 수 없다는 것을 보여준다.

이러한 점에 바탕을 두어 공룡병이란 조직의 규모가 지나치게 커져서 조직을 유지할 수 없게 되어 결국은 조직 자체를 사멸케 하는 병을 말한다. 단위 조직의 규모가 너무 커지거나 그의 수가 너무 많아 생존할 수 없는 경우이다. 조직이 스스로를 유지하고 생존할 수 없을 정도로 규모를 키우게 되면 공룡병에 걸렸다고 할 수 있다.

우리나라의 대우그룹이나 해태그룹은 사업을 무리하게 확장하여 조직의 규모가 지나치게 커졌으나 외부 위기를 극복하지 못하고 그룹이 해체되는 비운을 맞았다. 1960년대에 영국화학 역시 조직 대형화의 문제를 앓고 있었다. 과잉 지식 인력이 너무 많고 고임금 관리자들을 너무 많이 고용하고 있으며, 기술에만 편중되어 창업 정신을 가진 사람을 기르지 못했다.

공룡병은 조직의 수뇌부가 조직을 통솔 관리할 수 없을 정도로 비대해진 경우이다. 사업 영역이 지나치게 다기화되어 있거나 사업 부서보다는 관리 지원 부서가 더욱 크거나 강력한 경우이며 전체적으로 조직구성원의 수가 많다는 점이다. 관리 유지 비용이 많이 들며, 한 부분의 실패가 다른 부분의 성공에 많은 피해를 주고 있다면 그 조직은 공룡병에 걸려 있는 것이다.

공룡병을 치료하기 위해서는 조직 진단을 통해 기능과 분야를 통폐합하고 사업이나 정책 영역을 재편성한 후 조직구조를 재배열하고 통폐합해야 한다. 조직을 통폐합한 후 많은 인력이 남을 수 있는데 우선 기술교육 훈련을 통해 인력을 재배치하며, 다음으로는 이들이 조직을 퇴출할 수 있도록 충분한 유인을 제공하고, 그들이 해고되었다는 심리적 고통을 해소해 주어야 한다.

Chapter 06 통합 체제의 조직 건강 및 기타

조직은 조직관리 체제, 자원관리 체제, 사회심리 체제, 개방 체제 어느 하나라도 무시할 수 없다. 이들과는 별개로 통합하고 조정하는 일이 중요하다. 리더십, 이해관계자 관리와 고객관리, 공감대 관리 등이 그것이다. 기타 이들 체제에 속하지는 않으나 고려해야 할 요소로는 시간관리, 건강한 사람 등을 들 수 있다.

건강한 조직은 이해관계자에 대한 목표가 어느 정도 균형을 이루며 고객을 존중한다. 이에 반해 병든 조직은 이해관계자에 대한 목표가 불균형적이며 고객을 무시한다. 건강한 조직은 전체적으로 공감대가 형성되어 있으나 병든 조직은 전체적으로 공감대가 형성되어 있지 않다.

기타 건강한 조직은 시간관리를 잘하나 병든 조직은 시간을 낭비하거나 시간의 노예가 된다. 그리고 건강한 조직에서는 신체적으로 건강한 사람이 많고 병든 조직에는 신체적으로 병자가 많다.

[그림 6-1] 통합 체제의 조직 건강과 최적 상태

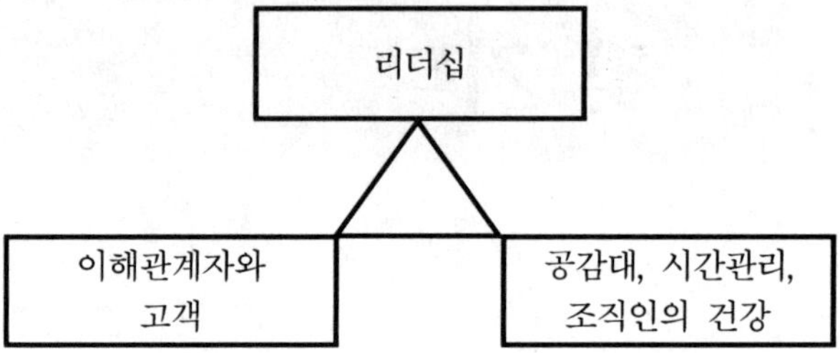

제 1 절 리더십의 발휘와 변동

1 리더십 발휘

> 건강한 조직은 리더가 역할을 잘하나 병든 조직에서는 리더가 역할 수행을 못한다.

리더십의 의의

리더십이란 "리더(지도자)가 집단이나 조직의 정해진 목표를 달성하기 위해 집단구성원들에게 영향력을 행사하는 과정"이라고 정의할 수 있다. 따라서 지도자는 구성원이나 부하의 태도 및 행동을 변화시키는데, 자발적으로 부하를 움직이게 한다. 즉 리더십은 강제적인 기법보다는 비교적 자발적인 영향 기법을 사용하는 것으로 본다.

지도자의 기능으로는 방향 제시자, 내부 구심자, 대표자와 보호자, 동기부여자, 그리고 봉사자 등을 들 수 있다. 리더십은 지도자와 추종자의 상호 작용 과정에서 효과가 발생한다. 여기서 추종자들은 부하나 조직의 구성원들이다. 따라서 쌍방향적인 특성을 갖고 있다.

건강한 조직에서 리더는 리더십을 잘 발휘한다

건강한 조직에서는 리더가 구성원들에게 충분히 영향력을 행사하여 자발적으로 집단이나 조직의 목표를 달성하게 한다. 지도자의 지도 행위를 통해 리더십을 발휘하면 추종자는 태도 및 행동을 변화한다.

건강한 조직에서 지도자는 적절하게 방향을 제시하며, 내부 구심자로서 역할을 하고, 외부적으로 조직을 대표하면서 추종자들에 영향을 미친다. 그리고 지도자는 추종자들을 자발적으로 조직 목표 달성에 기여하도록 하며, 그들에게 설득적이며 유인 제공적이다.

건강한 조직에서 지도자들은 성공적인 지도자들이 갖는 특성들을 대부분 보유하고 있다. 그러한 특성들로는 강한 추진력, 정직과 자기 확신, 지식 등 인지적 능력, 업무 지식, 창조성과 융통성, 그리고 리더십 동기부여 등이다.

병든 조직에서 리더는 리더십을 잘 발휘하지 못한다

병든 조직에서는 리더가 구성원들에게 영향력을 행사하지 못해 집단이나 조직의 목표를 달성하지 못한다. 지도자의 지도 행위는 추종자의 행동과 태도를 변화시키지 못한다. 그리고 추종자 간에는 커다란 이질감이 존재한다.

병든 조직에서는 지도자는 방향을 제시하지 못하고 조직의 구심자가 되지도 못하며 대외적으로 대표하지도 못하기 때문에 추종자들에 영향을 주지 못한다. 또한 지도자는 강제적인 방법을 동원하여 부하들을 억압하려는 유혹에 빠지기 쉽다. 강압에 의해 추종자가 태도를 변화한다 하더라도 태도 변화가 장기적으로 지속되지 않는다.

병든 조직에서 리더들은 성공적인 리더들이 갖는 특성들을 대부분 보유하고 있지 않다. 그들은 추진력이 약하고, 부정직하며 자기 불신이 심하고, 업무 지식이나 지적 능력이 부족하고, 창조성과 융통성이 결여되어 있으며 동기부여가 미흡하다.

병든 조직에서 리더십 발휘가 어려운 것은 부하나 추종자들이 리더와 적극적인 상호 작용을 하지 않기 때문이기도 하다.

리더십 능력 향상 방안

리더십을 향상시키기 위해서는 교육과 훈련이 필요하다. 리더에게는 타고난 자질이 어느 정도 필요하기는 하지만 교육과 훈련을 통해 상당 부분 리더십 능력을 함양할 수 있다. 조직 단계별로 리더십을 학습하는 것은 리더십 능력을 향상시키는데 매우 유용하다. 리더십은 지도자와 추종자의 상호 작용이므로 인간에 대한 이해, 추종자에 대한 이해가 최소한의 선결 조건이다. 리더십은 바이러스에 걸릴 가능성이 높으므로 이에 대한 백신을 준비해야 한다.

질병 리더십 바이러스

'리더십 바이러스'란 모든 사람의 내면에 잠재되어 있다가 그 사람이 리더가 되었을 때 활발하게 활동을 시작하여 성격, 성향, 성품 등에 화학적 변화를 일으킴으로써 그 사람을 전혀 다른 사람으로 만들어버리는 바이러스의 일종이다. 쉽게 분노하고, 질투, 의심, 말이 많아지며, 다른 사람의 말을 잘 듣지 않게 되고, 늘 초조해하며 말을 쉽게 바꾸고, 계속 근심을 하는 증상을 가져옴으로써 결국 리더가 해야 할 비전과 가치의 완성을 이루어내지 못하도록 만든다.

리더십 바이러스는 RAV(Responsibility, Authority & Vision) 바이러스를 들 수 있다. V(비전) 바이러스는 비전이 더 이상 비전이 아니며 야망으로 변한다. A(권위) 바이러스는 권위가 권력으로 변해 리더십을 병들게 한다. 리더는 거만해지고 권력을 개인 소유로 하며 독재를 한다. R(책임) 바이러스는 부담감으로 바뀐다. 리더십 바이러스를 해소하기 위해 백신을 개발해 항체를 만들어야 한다.

리더십 항체는 리더 스스로가 리더로서 자신을 돌아보는 성찰적 자세가 요구되며, 조직 내에서 제도나 관례에 의해 역대 선배 리더(예: 기관장 혹은 부서장)와의 간담회 등을 가지며, 리더의 권한 행사를 제어하는 장치를 갖는다.

출처: 김우형·김영수·조태현(2005).

2 리더십 변동

건강한 조직은 리더십의 변동이 순조로우나 병든 조직은 리더십의 변동이 어지럽다.

리더십 변동의 의의

리더십의 변동이란 한 조직에서 리더, 지도자 그리고 임원 등의 지위가 발생·승계·폐지되는 행위나 과정으로 이 중 승계는 한 지도자에서 다른 리더, 지도자 그리고 임원에게 이양되는 행위나 과정을 말한다. 리더십의 변동은 조직의 유형이나 형태에 따라 큰 차이를 보인다. 정치 조직에서는 선거를 통해 리더십이 변동되며, 정부 행정 조직에서는 임명에 의해 리더십이 변동되고, 기업 조직에서는 주주총회나 이사회의 결정에 따라 리더십이 변동된다.

정치 행정 조직에서는 법이나 제도에 의해 리더나 지도자의 지위가 인정되므로 합법성이 주요한 판단 기준이 된다. 한편 기업 조직의 경우 상대적으로 제도성이 약하며 후계자 육성계획 등을 통해 관리적으로 보완하고 있다.

건강한 조직에서는 리더십의 변동이 순조롭다

건강한 조직에서는 제도, 관례 그리고 관리에 의해 리더십이 변동된다. 지도자의 선출이나 승계 그리고 퇴출이 법이나 규정 등 제도나 절차에 따라 합법적으로 이루어진다. 제도나 법이 없을 때는 관례화된 선거문화나 관행에 따라 지도자가 선임되거나 승계되며 두 가지 모두 없을 때는 관리적으로 실행된다.

따라서 건강한 조직에서는 최선은 아니지만 차선의 인사가 지도자로 선출되고 승계될 수 있는 가능성이 높다. 제도화된 절차에 의해 선출되고 임명되었으므로 구성원들이 지도자에 대한 저항이 적고 지도자의 권력 행사에 대한 수용도가 높다. 리더십의 변동이 순조로우면 조직 자체의 안정성이 보장되며 조직의 활동은 계획적이고 안정적으로 유지된다. 따라서 조직 외부자들의 조직에 대한 신뢰가 높아진다.

조직이 제도화되어 있는 정도가 높을수록 리더십의 변동은 순조롭게 된다. 또한 조직의 선거나 선출문화가 민주적일수록 리더십의 변동은 순조롭다. 가끔 권위주의적인 조직문화에서 안정적일 수 있으나 그것은 형식적인 것이다. 임기가 리더십이 발휘될 수 있는 기간까지 보장될수록 리더십의 변동은 순조롭다.

병든 조직에서는 리더십의 변동이 어지럽다

병든 조직에서는 제도나 관례보다는 특정 개인이나 집단의 권력욕이나 지위욕에 의해 리더십이 변동된다. 지도자의 선출이나 승계, 그리고 퇴출이 법이나 규정 등 제도나 절차에 따르지 않고 비합법적으로 이루어진다.

따라서 병든 조직에서는 최선의 인사나 최악의 인사가 지도자로 선출되고 승계될 수 있다. 인위적인 강요나 야욕에 의해 선출되고 임명되었으므로 구성원들이 지도자에 대한 저항이 크고 지도자의 권력 행사에 대한 수용도가 낮다. 이때 리더십

승계 과정에서 조직 내부자 간 갈등이 심화되며 지도자를 중심으로 집단 간 갈등과 분열로 비화할 수 있다.

리더십의 변동이 어지러워지면 조직 자체가 불안정하게 되며 조직의 활동은 비계획적이고 불안정하게 된다. 따라서 조직 외부자들의 조직에 대한 신뢰가 낮아진다.

조직이 제도화되어 있는 정도가 낮을수록 리더십의 변동은 어지럽다. 또한 조직의 선거나 선출문화가 비민주적일수록 리더십의 변동은 어지럽다. 리더의 임기가 보장되어 있지 않거나 리더의 유고 시 대응 방법 등이 제도화되어 있지 않을 때 리더십의 승계 과정에서 많은 논란이 따르게 된다.

리더십 변동의 효율화 방안

리더십의 변동을 순조롭게 하려면 조직에서 리더십의 변동에 대한 제도의 확립과 합리적인 운영이 요구된다. 리더십 변동에 대한 두려움을 제거하고 리더십의 변동을 위한 준비 작업이 마련되어 있어야 한다. 리더십의 변동이 정상적인 궤도를 이탈하지 않도록 하는 외부 통제도 어느 정도는 필요하다. 내부적으로는 후계자 육성계획을 작성하여 운영한다.

후계자 육성계획(succession plan)은 주로 기업에서 위험관리(risk management)의 일환으로 현재 경영자를 어떤 상태(질병, 사고, 불상사 등)에서 잃었을 때 관리 기능이 일시적으로 정지되는 것을 회피하기 위해 항상 차기 경영자를 리스트업(list up)해서 두는 것이다. 장수 기업에는 경영자 내부 육성계획이 있는데 미국에서 GE는 'Session-C', HP는 Leadership Development Program, 3M은 Succession Plan 등이 있고, 한국에서는 SK, LG, 금호아시아나 등에서 다양한 임원 육성

제도를 운영하고 있다(신정식, 2006: 159-160).[1)]

질병 리더십 독점병과 리더십 과점병

'리더십 독점병'이란 특정인이 조직의 최고관리자 자리를 제도화된 기간 이상으로 차지하고 있거나 제도에서 무제한적으로 최고관리자로서 지위를 인정해 주는 경우에 발생한다. 이러한 최고관리자나 최고지도자의 임기는 그 조직이 속해 있는 업종이나 분야에서 보편성 있는 정도로서 상식적으로 수용 가능한 기간적 범위를 갖는다.

리더십 독점병에 유사한 것으로는 신분별로 최고관리자나 최고지도자의 자리가 승계되는 경우이다.[2)]

한편 '리더십 과점병'이란 특정 그룹이 리더십을 독차지하는 현상을 말한다. 이는 다른 여러 집단이나 신분에서 최고지도자나 최고관리자가 될 수 있는 기회를 박탈하는 셈이다.

리더십 독점병과 과점병이 고질화되면 조직 내에 인재의 모집단이 줄어들고 조직구성원들은 불만을 갖게 되며 참여도가 부족하게 된다. 리더군에 합류할 수 없는 사람들은 소외감을 느끼며 조직에 대한 몰입도를 낮춘다.

리더십의 독점과 과점을 해결하기 위해서는 능력 있는 자가 리더십 군(群)에 포함될 수 있는 기회를 부여하고 체계적인 경력개발을 통해 리더가 될 수 있는 조건을 만들어 주어야 한

1) 예컨대 회사 사장은 2년 내지 4년의 임기가 일반적이며, 장·차관, 총·학장의 임기도 이와 유사하다. 예외적으로 가톨릭교회의 수장인 교황의 임기는 종신직이며, 군주제 국가에서 왕이나 여왕의 임기는 종신직이다.
2) 예컨대 기업에서 사주가 아버지에서 자녀로 이어지는 가족승계를 들 수 있다.

다. 이와 관련하여 리더십 관련 제도 못지 않게 실제적인 관행도 중요하다.

제 2 절 전체로서의 균형

1 조직과 이해관계자의 균형

건강한 조직은 이해관계자에 대한 목표가 어느 정도 균형을 이루나 병든 조직에서는 그것이 불균형적이다.

이해관계자의 의의

이해관계자(stakeholders)란 어떤 조직에서 이해 관계, 요구, 그리고 지분을 갖고 있는 사람들로서 조직이 어떤 활동을 하며, 그것을 어떻게 잘 수행할 것인가에 따라 이들이 달라진다. 이해관계자들은 기대되는 기여 가치 이상으로 조직으로부터 보상을 받았을 때 조직에 참여하고 싶어한다.

이해관계자들은 조직 내부에는 주주, 관리자, 작업자들이 있으며, 조직 외부에는 공급자, 정부, 노동조합, 지역사회, 그리고 일반 공중 등이 있다. 조직효과성은 이해관계자들의 다양한 목표나 이익을 만족시킬 때 높아질 수 있다.

건강한 조직은 이해관계자에 대한 관리가 균형을 이룬다

건강한 조직에서는 이해관계자들의 다양한 이해 관계가 적절히 조화를 이루어 충족된다. 그렇지만 이들이 어떻게 배합되고 달성되어야 최적인지는 정답이 있을 수 없다.

이해관계자들은 각각 자신들의 목표를 조직을 통해 달성하려 하며, 그 조직이 제공하는 보상이나 유인이 자기의 기준에 어느 정도 도달하면 만족한다. 상당수의 이해관계자들은 조직의 현황과 실적, 그리고 조직이 제공할 수 있는 보상을 어느 정도 알고 있기 때문에 자신들의 기대나 요구를 이에 맞출 수 있다.

여러 집단의 이해관계자들이 그들의 기대나 목표를 조절해 가는 것은 쉽지는 않다. 그러나 중심에 있는 최고관리자 등이 이들을 이해시키고 설득시킨다면 가능한 일이다.

병든 조직은 이해관계자에 대한 관리가 불균형적이다

병든 조직에서는 이해관계자 간에 갈등이 생기고 이것이 해결되지 못한 상태가 장기간 계속된다. 조직의 최고관리자는 이해관계자들의 요구나 기대를 충족시켜 주지 못하며 그들 간의 이해 관계를 조절하지도 못한다. 극단적으로 단일의 이해관계자만 중시되는 경우도 있다.

이해관계자 간 조절되지 않고 불균형을 이루는 경우의 원인은 다음과 같다. 조직의 최고관리자는 자원이나 지위(자리)의 제약 때문에 이해관계자들의 모든 요구를 충족시켜 줄 수 없다. 특정 이해관계자 집단의 힘이나 권력, 영향력이 너무 강해서 다른 집단의 그것을 압도하기도 한다. 그리고 이해관계자들은 자신들이 다른 집단보다 더 많이 보상받아야 한다는 생각이나 이기심을 갖고 있기 때문에 이해관계자 간의 이해 조절이 어려워지기도 한다. 또는 조직이 처한 상황이나 입장, 실적 등을 충분히 이해하지 못해 지나치게 보상을 요구하는 경우에도 발생한다.

이해 관계의 균형화 방안

이해관계자 간에 갈등을 해결하기 위해서는 특히 최고관리층의 각 이해관계자들에 대한 설득과 거중 작업이 필요하다. 조직의 현 상황을 설명하고, 조직의 자원들을 어떻게 배분했는지를 보여 주며, 공정성을 확인시켜 주어야 한다.

전체적으로 조직의 최고관리자는 이해관계자들의 요구나 기대를 재조정하게 하며, 가능한 한 그들의 이익을 충족시켜 주도록 노력해야 한다.

조직 유형에 따라서는 이해관계자의 목표의 우선순위가 암묵적으로 존재한다. 정부기관은 국민 혹은 국회의 의지를, 기업은 기업 소유자의 목표나 의지를 우선할 수 있을 것이다.

질병 단일가치광(돈최고병)

조직에 여러 이해관계자가 있기 때문에 여러 가지 목표나 가치가 공존한다. 그런데 조직에 단일 이해관계자나 단일 가치, 단일 목표만을 추구할 때 이를 '단일가치광(single value mania)'이라 할 수 있다. 예컨대 기업조직에서 가장 많이 지적되는 것이 '돈최고병(money mania)'이다. 회사의 경우 재정적 목표, 즉 수익 달성이 최고의 목표일 때가 많다. 이해관계자들 중 주주의 이익에 최우선을 두면 돈최고병에 걸리게 된다. 돈최고병에 걸리면 다른 목표를 희생해도 좋으나 재정적 손실을 보는 것은 조직으로서는 치명적이며 절대로 양보할 수 없는

선이 된다. 또한 반대로 '재정무시병(negligence of financial matters)'은 조직 행동의 경제적 결과에 대해 별로 관심이나 우선순위를 두지 않는 것을 말한다(Lövey & Nadkarni, 2007: 50-63).

가치의 문제는 제도적인 문제라기보다는 최고관리자의 관리철학의 문제이다. 단일가치광을 해결하기 위해서는 다양한 조직의 이해관계자의 식별, 다양한 가치의 확인, 그리고 가치 간의 우선순위 설정을 위한 노력이 요구된다.

2 조직과 고객의 관계

건강한 조직은 고객을 존중하나 병든 조직은 고객을 무시한다.

고객관리의 의의

고객관리는 기업의 마케팅 분야의 소비자 행동과 관련하여, 정부의 정책관리 분야에서 정책 고객이나 정책 이해자와 관련해서 중요성이 더해지고 있다.

고객이란 조직에서 생산하는 재화나 서비스를 소비함으로써 혜택을 보는 사람이다. 고객의 개념과 유사한 것으로는 의뢰인, 소비자, 사용자, 수혜자 등 다양하다.

조직은 고객의 만족을 높이기 위해 노력한다. 고객의 만족에 영향을 주는 요인으로는 기대의 일치와 불일치, 성과와 질, 공정성, 직원과 고객의 관계 등을 들 수 있다. 고객이 만족하거나 불만족하게 되면 이로 인해 제품이나 서비스를 재구매하거나 타인에게 권장하며 조직에 대한 지지와 비난을 하게 된다.

건강한 조직에서는 고객을 존중한다

건강한 조직에서는 고객을 중시하는 가치가 지배한다. 고객을 가족처럼, 심지어는 왕처럼 대접한다. 고객을 감동시키고 고객을 만족시켜 고객의 마음을 얻는다.

또한 건강한 조직에서는 고객을 평등하게 대한다. 구매력에 따라 서비스나 제품의 전달 내용이 달라질 수는 있지만 지위나 신분에 따라 일부러 차별을 두지는 않는다.

건강한 조직에서는 고객의 소리를 항상 듣고 있고 그들의 의견이 제품의 생산이나 전달에 환류된다. 건강한 조직에는 고객이 만족할 때까지 서비스하며 고객의 입장에서 생각하고 행동하는 직원들이 많다.

건강한 조직에서는 고객의 상품이나 서비스에 대한 만족이 늘 높다. 따라서 고객으로부터 신뢰를 받는다.

병든 조직에서는 고객을 무시한다

병든 조직에서 고객은 조직의 활동과 이익을 위해 존재하는 대상일 뿐이다. 병든 조직에서는 고객을 착취하는 경우도 많다. 이것은 조직이 사회적 실체라는 생각이 부족하기 때문에 일어나는 현상이다.

병든 조직에서는 고객을 지나치게 차별한다. 이때 차별 대우의 기준은 그들의 경제적·사회적 지위이다. 기업은 오로지 이익의 추구, 공공 조직은 권력기관에 대한 지나친 의존 그리고 사회적 조직에서 사회적 연줄에 지나치게 의존할 때 일어나는 현상이다.

병든 조직에서는 내부의 잘못을 고객의 탓으로 돌린다. 특히 고객과의 접점에 있는 직원이 고객에게 서비스를 잘하지 못한다. 일선 기관, 매장 등 현장에서 일하는 서비스 담당 직원, 생산 담당 직원들에게서 고객 의식이 부족할 때 일어나는 현상이다.

병든 조직에서는 상품이나 서비스에 대한 고객의 불만족이 높고 이 상태가 상당 기간 계속된다. 장기적으로는 조직 자체에 대한 불신으로 이어진다.

고객관리 효율화 방안

고객관리를 잘하려면 조직은 고객과 함께 존재하고 살아간다는 의식이 필요하며 고객제일주의로의 가치 전환 및 전략적 고객관리가 요구된다. 고객을 관리하는 부서를 설치하여 운영하며, 통합 품질관리를 하고, 고객의 소리 같은 고객의 불만이나 의견을 들을 수 있는 창구를 마련하며, 고객별 자료 정보 데이터베이스를 구축하여 맞춤형 서비스를 할 필요가 있다. 기업 현장에서는 물론이고 공공 부문에서도 '고객헌장' 등을 만들어 조직인들의 고객관리 지침으로 삼고 있다.

질병 고객의 착취와 고객의 노예화

고객관리와 관련한 질병으로는 '고객의 착취(customer exploitation)'와 '고객의 노예화(servility)'를 들 수 있다 (Lövey & Nadkarni, 2007: 30-35). 고객의 착취란 고객은 조직의 사업 대상으로서만 존재한다. 즉 고객은 조직의 봉이다. 조직은 단기적으로 이익의 확보에만 매달린다. 조직은 고객이 원하는 최소한을 제공하고 고객으로부터 최대한을 얻는다.

이와 반대로 고객의 노예화란 조직은 고객이 원하는 것을 모두 해결해 주어 조직은 손해를 보고 고객만 편익을 얻는 것으로 조직의 기본 사명이나 재정적 곤란이나 직원의 욕구를 망각하는 경우이다.

고객의 착취와 고객의 노예화를 해소하기 위해서는 조직에서 고객의 지위를 재인식하여 전략적 관리 대상으로 삼아야 한다. 극단적인 어느 것도 고객관리에서 정상적인 것이 아니기 때문이다.

제 3 절 기 타

1 조직 공감대

건강한 조직은 전체적으로 공감대가 형성되어 있으나 병든 조직은 그렇지 못하다.

공감관리와 공감대의 의의

조직은 혼자 운영하는 것이 아니라 두 사람 이상이 모인 사회적 단위이기 때문에 함께 살아가며 함께 느끼는 것은 조직의 일체감을 이루기 위해서는 필수적인 단계이다. 우리는 이를 공감관리라 한다.

공감관리는 함께 감정을 나누는 것이다. 생각을 나누는 것도 매우 중요하지만 함께 감정을 나누는 것은 더욱 중요하다. 감성 시대에는 감정의 교류 없이 일체가 되기 어렵기 때문이다. 더 나아가 감정의 교류만에는 한계가 있다고 보고 영혼의 교류가 강조되고 있다. 공감관리는 직무 수행과 직접 관련이 있는 경우도 있고 간접적으로 관련이 있는 경우도 있다.

공감대를 형성한다는 것은 공감관리의 기본이다. 공감관리는 구성원과 함께 조직을 관리하는 것이다. 혼자나 소수집단이 아니라 전체 직원이 더불어 조직의 문제에 대해 생각하고 느끼는 행동이다. 따라서 공감관리는 조직 전체에 종합적으로 해당한다.

건강한 조직에서는 공감대가 형성되어 있다

건강한 조직에서는 직원들 간에 감정적 교류가 활발하며 이를 위해 조직 차원에서 공감관리를 잘한다. 공감을 형성하기 위한 대상은 다를 수 있으나 공감관리를 중요시한다는 점은 동일하다.

건강한 조직에서는 공감대가 잘 형성되어 있다. 조직의 업무 수행이나 관리 과정에서 조직구성원 간에 기본적인 인식과 이해가 같으며 상호 신뢰도가 높다. 조직구성원들이 조직이념이나 조직 가치를 공유하며 그들은 자신과 조직을 일체화한다. 그리고 조직구성원들은 시간을 두고 조직 가치를 내재화하는 학습 과정, 사회화 과정을 거친다.

조직구성원이 특정 조직을 자기의 평생 직장으로 생각하거나 어느 정도 중장기적인 근무처로 생각하는 사람이 많다.

공감대가 잘 형성되어 있으면 업무 추진 과정에서 업무의 추진이 빠르고 부서 간·집단 간·상하 간 업무 협조가 잘 이루어진다.

병든 조직에서는 공감대가 형성되어 있지 않다

병든 조직에서는 공감대의 형성이 어렵다. 모든 조직구성원 간에는 물론이고 계층별(예: 최고관리자와 중간관리자 간에, 중간관리자와 하위관리자나 작업자 간)이나, 부문(예: 부서별로, 본부 부서와 현장 부서 간)별로 공감대가 형성되어 있지 않다.

병든 조직에서는 공감대가 형성되더라도 그것이 오래 지속되지 않는다. 병든 조직에서는 조직구성원들이 조직 이념을 공유하지 않고 있으며 그들 간에 신뢰가 부족하기 때문이다. 즉 조직 이념이 무엇인지 확인하려 않거나, 그것이 확인되더라도 자신이 추구하는 가치와 반대될 때 자신의 가치를 포기하지 않는다.

병든 조직에서는 조직구성원들이 조직의 가치를 자신의 가치로 수용하지 않는다. 예컨대 공익을 추구하는 정부 조직에서 지나치게 개인의 이익만을 추구하는 경우나 사익을 추구하는 회사 조직에서 지나치게 공익이나 사회적 책임만을 강조하는 경우이다.

공감대가 형성되어 있지 않으면 업무 추진 과정에서 자주 이견이 대립되고 그 결과 조직원 간·부서 간에 충돌이 일어나는 경우가 많다. 따라서 업무 추진이 지연되고 조직이 화합하는 분위기가 형성되지 않는다.

공감대의 형성 방안

공감관리를 잘하려면 공감 전략을 세우고, 공감관리 기구를 만들며, 공감을 높이기 위한 수단들을 준비한다. 즉 공감 채널을 확보한다. 또한 공감대 형성을 위한 노력을 지속적으로 추진한다.

공감대를 직접적으로 높이기 위해서는 조직이 서비스 정신을 강화하기 위한 공감대 형성 프로그램을 마련하거나 서비스 정신 우수자에게 계속 포상한다. 또는 제품의 브랜드 가치를 강조하거나 교육 훈련을 통해 조직의 이념과 가치를 학습시킨다(이치구, 2007: 40).

공감대를 형성하기 위해서는 신규 직원을 채용할 때 조직의 가치나 이념에 부합된 사람을 선발하여 임용해야 한다. 또한 신규임용자나 승진임용자들을 대상으로 조직의 이념을 교육시키거나 재교육시킨다. 조직은 그 가치가 조직문화로 스며들게 하여 직원들이 조직생활을 하면서 사회화하여 이를 습득하게 한다.

또한 조직(예: 회사)은 무술(태권도, 검도 등), 운동(축구, 야구, 농구 등), 그리고 오락(등산, 스포츠댄스 등)을 공감대 형성의 수단으로 삼는다.[3)]

질병 공감결핍증과 조직가치맹신병

'공감결핍증'이란 조직구성원들이 조직이 추구하는 가치를 수용하지 못하거나, 가치와 자신을 일체화하지 못해 공감대

3) 예컨대 매일 무술을 단련하게 하여 승진할 때 최소 초단 자격을 갖추게 한다. 또는 함께 축구를 하거나 프로 축구팀을 육성하여 응원하게 한다.

형성이 되지 못한 상태를 의미한다. 조직구성원이 조직의 가치를 거부하며 무시하는 현상으로 나타난다. 공감이 결핍되면 외형적으로 단결되지 못한 모습이 발견된다. 공감이 결핍되는 이유는 개인의 이기심, 조직 내에서 이해 관계의 상충, 분열적인 조직문화 등 여러 가지 원인이 있다. 따라서 공감을 관리하려면 공감이 결핍된 원인을 규명하여 관리하되 조직의 최고 관리층이 관심을 갖고 해결해야 한다.

한편 '조직가치맹신증'이란 조직의 핵심 가치를 맹신하는 현상을 말한다. 조직의 가치가 무엇인지 옳고 그름을 따지지도 않고 무조건 추종하는 경향을 말한다. 이것은 특히 사회적으로 용납되지 않는 가치를 추구하는 일부 사이비 집단이나 조직에서 발견된다. 이와 같은 조직은 스스로 변화하기 곤란하며 조직 외부로부터 충격을 받아야 질병이 해결된다.

2 시간관리

> 건강한 조직은 시간관리를 잘하나 병든 조직은 시간을 낭비하거나 시간의 노예가 된다.

시간관리의 의의

하루 24시간은 누구에게나 공평하게 부여된다. 그런데 이 시간을 활용하는 사람에 따라 시간의 가치가 달라진다. 최근 시테크라는 말이 유행하고 있듯이 시간 및 시간관리의 중요성이 부각되고 있다.

여기서 시테크란 시간 압축의 기술, 시간당 생산성 향상의 기술, 그리고 시간의 전략적 활용 등을 합한 개념이다.

조직에서 시간관리란 조직구성원들이 임무를 수행하면서 조직 목표에 부합하도록 시간을 계획하고 사용하는 기술이나 과정을 의미한다.

건강한 조직에서는 시간관리를 잘한다

건강한 조직에서는 주어진 시간을 최대한 활용하여 업무를 추진한다. 분야별·기능별로 업무 배분을 하면서 시간계획표(스케줄)에 따라 업무를 수행한다. 컴퓨터와 커뮤니케이션 기술의 발전은 정보나 자료 데이터베이스를 작성 활용하게 함으로써 많은 시간을 절약케 한다.

또한 건강한 조직에서는 전략적으로 시간을 사용한다. 중요한 일과 효과적인 일에 더 많은 시간을 투자하고 덜 중요한 일과 비효과적인 일에는 시간을 절약한다.

건강한 조직에서는 사람이 시간의 주인이 된다. 시간은 사람과 조직을 위해 존재하는 것으로 인식하고 관리한다.

병든 조직에서는 시간을 낭비하거나 시간의 노예가 된다

병든 조직에서는 조직인들이 시간을 낭비하며 심지어 파괴한다. 많은 조직인이 자신의 능력과 조직의 자원을 최대한 활용하여 사용하지 아니하고 가능한 한 많은 시간을 활용하여 업무를 추진한다.

병든 조직에서는 시간 사용에 경중을 가리지 않는다. 중요한 일에 시간을 집중하여 사용하지 아니하고 사소한 일과 효과 없는 일에 많은 시간을 사용한다. 회의를 자주 하나 뚜렷한 결과나 성과가 없거나 낮다.

병든 조직에서는 사람이 시간의 주인이 아니라 시간의 노예가 된다. 시간이 조직인에게 지나치게 많은 스트레스를 준다. 시간적 데드라인을 정해놓고 어떤 희생을 치르더라도 일을 완수할 때 조직에 많은 피로와 부작용을 유발한다.

효율적 시간관리 방안

시간관리를 잘하려면 먼저 시간 낭비 요소를 제거해야 한다. 이를 위해서는 시간관리 관련 기반인 컴퓨터 및 통신 기술을 적극적으로 활용하며, 나아가 중장기 및 단기 시간 계획을 작성하여 업무를 수행한다. 예컨대 대부분의 조직에서는 분기별 일정관리를 하고 있다. 시간의 우선순위를 정하여 시간을 활용해야 하며 '시간은 돈'이라는 가치로 환산하여 시간관리를 해야 한다. 국가별로 시간에 관한 문화가 다르다는 점도 이해해야 한다. 우리나라는 지나치게 '빨리빨리' 문화가 팽배되어 있다. 지나친 속도감이 내용을 부실하게 한다.

사람들은 시간 가치를 과거 지향형, 현재 지향형, 미래 지향형으로 나누기도 한다. 시간형에 따른 조직인 관리도 필요하다.

질병 시간하인병

사람이나 조직에서 효율적 시간관리란 매우 중요하고 조직의 효과성을 확보하는 데도 꼭 필요한 것이다. 그런데 '시간하인병(time servernt sickness)'이란 사람이 시간관리의 주인이 되지 못하고 하인이 되며, 시간이 사람의 주인이 되는 병이다. 보통 고위관리자가 되면 될수록 시간이 충분하지 않다. 따라서 많은 고위관리자들은 시간이 급속하게 지나간다는 생각에 시간에 눌리고 시간에 얽매여 사는 병에 걸리기 쉽다. 항상 "바쁘다. 바빠." 하면서 정작 중요한 일에 많은 시간을 할애하지 못한다.

조직이 시간하인병에 걸린 사람들로 가득 차면 합리성이 결여된 행위를 하기 쉬울 뿐만 아니라, 중장기적 목표보다는 단기적 실적을 올리는 데 급급하기 쉽다. 따라서 조직의 외형적 실적 때문에 조직의 인간적 가치를 훼손하기 쉽다.

시간하인병을 치료하기 위해서는 시간관리의 개념을 조직에 도입해야 한다. 중장기 계획의 작성과 실시, 시간 절약상(賞)의 도입 등을 들 수 있다. 출퇴근 시간의 융통성을 줄 수 있도록 탄력근무제(flexible service)를 실시한다.

3 조직인의 건강

건강한 조직에서는 신체적으로 건강한 직원이 많고 병든 조직에는 신체적으로 병든 직원이 많다.

조직인의 건강의 의의

조직의 건강이 조직구성원(직원)의 건강을 반드시 가져다주지는 않는다. 조직의 건강을 직원의 건강으로 인식하는 연구자들도 있다. 직원의 건강은 개인의 문제이면서 조직의 문제이기도 하다.

조직인의 건강 문제는 여러 가지 요인과 관련이 있는데, 개인의 연령과 유전적 특질, 조직인의 업무 스트레스, 작업장의 물자시설의 안전 및 위해도, 질병의 유행 등과 관련이 있다. 조직이 보유하고 운영하는 물자시설 중에는 신체에 위험한 것들이 많이 있다. 직원의 건강 문제를 평가하는 기준은 건강한 직원과 병든 직원의 비율, 건강관리 체제의 효과성 등이다.

건강한 조직에는 건강한 직원이 많다

건강한 조직에서는 직원들이 대체로 건강하다. 다른 유사 직종의 조직에 비해 평균 환자율이 낮다고 할 수 있다. 건강한 직원이 많을수록 조직은 활력이 높고, 업무집중도가 높으며, 결근율이 낮아 근무 효율이 높다.

건강한 조직에서는 조직구성원에 대한 인간적 가치를 존중하고 관련 복지 프로그램이 잘 마련되어 있다. 조직 차원에서 직원들은 정기적으로 신체검사를 받으며, 검진료나 진료비의 일부 또는 전부를 지원받고, 직장 내에 운동시설이 마련되어 있기도 하다.

건강한 조직에서는 안전관리 시스템이 작동된다. 즉 근무처나 작업장의 물자시설 중에는 신체에 위험한 것들이 있는데 이들에 대한 안전장치가 철저하다.

건강한 조직에서는 직원의 업무 스트레스 및 피로에 대한 관리를 잘한다. 관리적 차원에서 직원들의 업무 부담과 스트레스를 조절하고 피로를 줄인다.

병든 조직에는 병약한 직원이 많다

병든 조직에서는 직원들이 대체로 건강하지 못하다. 다른 유사 직종의 조직에 비해 평균 환자율이 높다고 할 수 있다.

직업병이나 작업장 관련 재해와 사고가 빈번하게 발생한다. 따라서 이로 인한 개인적·조직적 비용이 많이 수반되고 업무의 집중도와 근무 효율이 낮아진다.

병든 조직에는 조직구성원들에 대한 건강 프로그램이 마련되어 있지 않기 때문에 개인의 건강은 개인이 책임지고 관리해야 한다.

병든 조직에는 물자시설의 안전장치가 잘 마련되어 있지 않다. 신체에 위험한 물자나 시설에 대해 안전장치가 있지만 형식적이거나 이들이 거의 없다. 따라서 이로 인한 재해와 질병이 많다. 안전 사고가 일어나면 사후에 이를 통제할 뿐이다.

병든 조직에서는 조직 차원에서 조직인의 업무 스트레스 및 피로도에 대한 관심이 별로 없다. 개인들이 알아서 자신의 업무 부담과 스트레스를 조절하고 피로를 줄인다.

직원의 건강 증진 방안

직원의 건강을 증진하기 위해서는 근무 방법을 개선해야 한다. 즉 교대제 근무, 휴일근무제 등을 개선한다. 안전관리를 위해서는 개인별로 안전을 측정하며, 재해와 안전 사고의 원인을 분석하여 대책을 마련한다. 보건 및 위생관리를 위해서는 요인별 위험 수준을 측정하고 피로를 측정하며 시설 및 작업장을 관리한다. 직업병에 대한 관리를 한다. 끝으로 건강 프로그램을 조직 차원에서 관리한다.

질병 직장병

'직장병'이란 특정 조직이나 직장에 환자나 부상자가 많이 생기는 경우를 말한다. 해당 조직에 오래 근무하면 할수록 특정한 질병과 부상이 많이 생겨서 직원들의 건강이 악화되고 이로 인해 업무의 생산성 등이 떨어진다면 조직의 건강에 매우 중요한 영향 요인이 될 수 있다. 직장병은 직업병과 관련될 수도 있지만 이와는 별개로 특정 조직의 병으로 범위를 좁힐 필요가 있다.

업무의 성질이나 작업환경에 따라 직무 스트레스를 많이 받아서 환자가 많이 발생하는 경우도 있고 직장이 놓여 있는 근무환경 등으로 인해 환자가 많이 발생할 수도 있다.[4)]

직장병을 치료하기 위해서는 조직구성원의 보건 진료 후 조직 전체의 의료 상태를 측정하고, 특히 비중이 큰 병을 직장병으로 상정한 후 전문적인 치료를 받도록 한다. 또한 직장 주변의 역학 조사를 통해 특정 직장에만 고유한 병이 있는지를 확인하여 대처해야 한다.

---

4) 예컨대 공해가 많이 발생하는 지역에 직장이 있는 경우 환경 호르몬이 발생할 수 있으며, 이로 인해 집단적으로 공해병이 발생한다.

참고 문헌

[국내 문헌]

국무조정실, 정보통신부(2005), 『정보시스템장애관리지침』.

국민권익위원회(2009), 『기업윤리 브리프스, 2008 하반기』,(기업윤리 조사연구 09-01).

김명수(2003), 『공공정책평가론』, 서울: 박영사.

김성수(2004), 『21세기 윤리경영론』, 서울: 삼영사.

김성홍 · 우인호(2004), 『이건희 개혁 10년』, 서울: 김영사.

김영재 · 박기찬 · 김재구 · 이동명(2008), 『조직행동론』, 서울: 무역경영사.

김우형 · 김영수 · 조태현(2005), 『리더십 바이러스』, 서울: 고즈윈.

김정인 · 양돈규(2009), "조직 내에서의 폭력: 왕따," 『학생생활연구』 33집, 서울: 중앙대학교 학생생활상담센터.

로버트 워트맨 외 지음, 이상옥 옮김(2002), 『최고 인재 확보와 유지 전략』, 서울: 21세기북스.

마틴 A. 레빈, 메리 B. 생거, 삼성경제연구소 옮김(1996), 『선진 행정의 길: 공공적 책임을 효율적으로 달성하는 행정』, 서울: 삼성경제연구소.

민 진(2009a), 『조직관리론』, 제3판, 서울: 대영문화사.

———(2009b), "조직 건강의 개념 분석 및 재개념화," 『행정논총』, 서울대학교 행정문제연구소.

박동준 · 이민광(1994), 『기업병: 우리 기업은 괜찮은가?』, 서울: 소프트전략경영연구원.

사카이야 다이치 지음, 김순호 옮김(1993), 『조직의 성쇠』, 서울: 위스덤하우스.
서도원 · 서인석 · 송석훈 · 이기돈(2003), 『인사관리: 이론과 실제』, 대전: 대경.
손성규(2008), 『회계감사이론, 제도 및 적용』, 서울: 박영사.
송계충 · 정범구(2003), 『조직행위론』, 서울: 경문사.
신유근(1994), 『현대의 기업과 사회』, 서울: 경문사.
신정식(2005), 『조직임원업적평가제도』, 서울: 한국경영개발협회.
양창삼(1999), 『인간관계론』, 서울: 경문사.
오석홍(2005), 『조직이론』, 제5판, 서울: 박영사.
오세덕 · 이명재 · 강제상 · 임영제(2007), 『행정관리론』, 서울: 대영문화사.
윤대혁(2004), 『인간관계론』, 서울: 삼영사.
이종범(1986), 『정부관료제와 국민』, 서울: 고려대학교출판부.
이치구(2007), 『공감경영』, 서울: 올림.
이필상 · 허미정 · 최영민(2005), 『경영분석』. 서울: 박영사.
재정경제부 금융감독위원회, 『공적자금백서』, 2000. 9.
정정길 · 최종원 · 이시원 · 정준금(2003), 『정책학원론』, 서울: 대명출판사.
조동성(2000), 『21세기를 위한 경영학: Principle of Management』, 서울: 경제경영.
채경석(2004), 『위기관리정책론』, 서울: 대왕사.
최재화(2009), 『지식경영: 이론과 실제』, 서울: 비엔엠북스.
최종태(2000), 『현대인사관리론』, 전정판, 서울: 박영사.
하라지리 준이치 지음, 신경립 옮김(2007), 『Planning Hacks 49!』, 서울: 홍익출판사.
하연섭(2003), 『제도분석: 이론과 쟁점』, 서울: 다산출판사.
한국인재경영연구회 편저(2007), 『기획력: 107의 법칙』, 서울: 경영자료사.
한스 마이스 · 클라우스 베르너 지음, 손주희 옮김, 이상호 감수(2008), 『나쁜 기업: 그들은 어떻게 돈을 벌고 있는가(*Schwarzbuch Markenfirmen*)』, 서울: 프로메테우스출판사.
한영수(2004), 『인사행정론』, 대구: 형설출판사.

[국외 문헌]

Cohen, A. R., Fink, S. L., Gadon, H., Willets, R. D., & Josefowitz, N.(2001), *Effective Behavior in Organization*, 7th ed., New York: McGraw-Hill.

Daft, R. L. & Noe, A. R.(2011), *Organizational Behavior*, Orlando, FL: Harcourt Inc.

Dimaggio, P. J. & Powell, W. W.(1983), "The Iron Cage Revisited: Institutional Isomorphism and Collective Rationality in Organizational Fields," *American Sociological Review* 48: 147-160.

Greenberg, J. & Baron, R. A.(1995), *Behavior in Organization*, 5th ed., Englewood Cliffs, New Jersey: Prentice-Hall.

Kimberly, J. R.(1976), "Organizational Size and the Structuralist Perspective: A Review, Critique and Proposal," *Admis-strative Science Quarterly*, 21.

Lövey, I. & Nadkarni, M. S.(2007), *How Healthy is Your Organization?* London: Praeger Publishers.

찾아보기

ㄱ

ㄴ

ㄷ

ㄹ

ㅁ

ㅂ

ㅅ

ㅊ

ㅌ

ㅋ

ㅍ

ㅎ

저자 소개

민 진

〈약 력〉

- 건국대학교 행정학사, 서울대학교 행정학석사 및 행정학박사
- 조지아대학교 및 옥스퍼드대학교 방문연구교수
- 입법고등고시(3회), 행정고등고시(24회) 합격 후 국회입법조사관 근무
- 서울행정학회장 및 한국조직학회장 역임
- 국회사무처, 감사원, KT, 서울대, 건국대, 이화여대 등 강사 역임
- 국무총리실, 행정자치부, 국방부, 산림청, 국회입법조사처 등 주요 정부기관의 자문·평가·심의위원 역임
- 국방대학원 및 국방대학교 교수(1982~2011년 현재)
- 국방대학교 국방관리대학원장(현재)

〈주요 저서〉

『행정학의 이해(3판)』, 『조직관리론(3판)』, 『국방행정(공저)』 외

조직의 건강과 질병

진단과 치료

펴낸날 / 제1판 제1쇄 2011년 6월 10일
지은이 / 민 진
펴낸이 / 임춘환
펴낸곳 / 도서출판 대영문화사
주소 / 서울 용산구 청파동 1가 178-2 ㊋ 140-869
등록 / 1975년 12월 26일 제3-16호
전화 / (02)716-3883, (02)714-3062
팩시밀리 / (02)703-3839
우체국 온라인 / 011353-02-009106

ISBN 978-89-7644-363-2

〔값 12,000원〕

* 잘못된 책은 바꾸어 드립니다.